CÓMO ENFRENTAR TUS EMOCIONES MÁS DIFÍCILES Y TEMIBLES

Descubre Cómo Encarar las Emociones que le Ponen un Freno a tu Vida Todos los Días

RAYMOND S. GOODMAN

© **Copyright 2024 – Raymond S. Goodman - Todos los derechos reservados.**

Este documento está orientado a proporcionar información exacta y confiable con respecto al tema tratado. La publicación se vende con la idea de que el editor no tiene la obligación de prestar servicios oficialmente autorizados o de otro modo calificados. Si es necesario un consejo legal o profesional, se debe consultar con un individuo practicado en la profesión.

- Tomado de una Declaración de Principios que fue aceptada y aprobada por unanimidad por un Comité del Colegio de Abogados de Estados Unidos y un Comité de Editores y Asociaciones.

De ninguna manera es legal reproducir, duplicar o transmitir cualquier parte de este documento en forma electrónica o impresa.

La grabación de esta publicación está estrictamente prohibida y no se permite el almacenamiento de este documento a menos que cuente con el permiso por escrito del editor. Todos los derechos reservados.

La información provista en este documento es considerada veraz y coherente, en el sentido de que cualquier responsabilidad, en términos de falta de atención o de otro tipo, por el uso o abuso de cualquier política, proceso o dirección contenida en el mismo, es responsabilidad absoluta y exclusiva del lector receptor. Bajo ninguna circunstancia se responsabilizará legalmente al editor por cualquier reparación, daño o pérdida monetaria como consecuencia de la información contenida en este documento, ya sea directa o indirectamente.

Los autores respectivos poseen todos los derechos de autor que no pertenecen al editor.

La información contenida en este documento se ofrece únicamente con fines informativos, y es universal como tal. La presentación de la información se realiza sin contrato y sin ningún tipo de garantía endosada.

El uso de marcas comerciales en este documento carece de consentimiento, y la publicación de la marca comercial no tiene ni el permiso ni el respaldo del propietario de la misma.

Todas las marcas comerciales dentro de este libro se usan solo para fines de aclaración y pertenecen a sus propietarios, quienes no están relacionados con este documento.

Índice

Introducción	vii
1. Conozca sus emociones	1
2. La clave del éxito está en usted	25
3. Aprenda a sentir emociones	37
4. Tome los primeros pasos de su viaje	57
5. Evite que el viaje sea solitario	109
6. Cuide a los que estén más cerca de usted	129
7. Forme un plan funcional	149
Conclusión	155
Bibliografía	159

Introducción

En la actualidad, fenómenos como la globalización, la introducción del internet y el intercambio cultural han revolucionado el régimen educativo, la cultura laboral y el ambiente familiar. La vitalidad de cosas como la lógica, la imposición de la disciplina, el conocimiento matemático fue cuestionada dentro de todas las esferas sociales, por lo que, de pronto, muchos factores que antes habían sido descartados u olvidados empezaron a cobrar importancia; entre estas, la relevancia de conocerse a sí mismo o misma para asegurar un bienestar mental y físico destacan por su creciente enfatización. En un sistema que exige cada vez más, se les alienta a las personas a cuidarse y también a cuidar de los y las demás mientras se enfrentan los grandes cambios que ocurren a un ritmo precipitado dentro de la sociedad.

Introducción

Una de las mejores maneras de lograr esto es a través del reconocimiento y manejo de las emociones, algo que puede ser refinado hasta convertirse en lo que formalmente es conocido como la Inteligencia Emocional. Este concepto fue introducido e impulsado por Daniel Goleman alrededor de 1995; constituida de cinco pilares que se expondrán a lo largo de este libro, se ha convertido en una de las partes más importantes que desarrollar para asegurar el éxito personal, académico y profesional. Lo cierto es que la formación educativa formal les otorga a los individuos los conocimientos necesarios para llevar a cabo un trabajo de forma eficaz. Sin embargo, con un profundo conocimiento de sus emociones, esto se tornará un proceso eficiente y más ameno para todas las personas involucradas.

Es necesario enfatizar que los beneficios van más allá del ámbito externo; el éxito también se verá reflejado en su interior, no sólo por la manera en que se desenvuelve dentro de sus relaciones más preciadas, sino la manera en que usted se valora a sí mismo o misma. Una Inteligencia Emocional desarrollada le hará sentir más seguridad en lo que siente, le mostrará mejores maneras de atravesar incluso las peores situaciones y le permitirá comunicar sus necesidades y deseos de una manera clara y concisa.

Está bien si no ha sabido cómo hacer todo lo anterior hasta ahora; nunca es tarde para comenzar en su viaje de autoconocimiento y autogestión. Sin importar en qué etapa esté de su vida, desarrollar este aspecto de su persona es posible y le ayudará a mejorar todo lo que tiene hasta ahora y a adentrarse por mejores caminos en el futuro. Este libro será una guía inicial que le mostrará hacia dónde dirigirse, pero antes se explicarán las definiciones necesarias para entender lo que se viene en su viaje: aprenderá sobre el Coeficiente Emocional, las emociones en sí y lo que estas implican, qué aspectos constituyen al primero y cómo refinar cada uno de ellos. Posteriormente, se dedicarán varios capítulos a enseñarle técnicas para un manejo más favorable de lo que siente, de tal manera que estas reacciones inevitables no vayan en su contra, sino trabajen con usted. De esta manera, el éxito vendrá de forma natural, beneficiando su bienestar mental y su desempeño en cualquier ámbito de su vida.

1

Conozca sus emociones

LOS COEFICIENTES

La mayoría de las personas están familiarizadas con el CI, o el Coeficiente Intelectual. Lo más probable es que usted haya tomado una prueba para descubrir el valor del suyo; si ese es el caso, entonces ya conoce el resultado. Sin embargo, ¿Qué es un CI, realmente? Es la calificación dada como resultado de una serie de pruebas estandarizadas que fueron diseñadas para medir la inteligencia de un individuo. De manera tradicional, se utiliza para descubrir las fortalezas académicas de cada uno, y señalar a aquellos que tienen un intelecto por arriba del promedio o, por el contrario, a los que tengan complicaciones mentales y discapacidades del aprendizaje.

• • •

Por otro lado, la Inteligencia Emocional (IE) o el Coeficiente Emocional (CE) está compuesto de tres partes.

Primera, es la habilidad de analizar, identificar y evaluar las emociones que usted, otros y los demás grupos de personas sienten. Mientras que el primero está basado más en el pensamiento lógico, destreza matemática y relaciones espaciales, el segundo es más complejo. No sólo se trata de señalar y expresar sus propias emociones, sino que también involucra el percibir y entender las ajenas. Los individuos con un CE alto pueden canalizar sus emociones y utilizarlas de tal manera que motiven a otros a pensar de una forma más profunda.

Como puede ver, el CI está orientado más hacia la inteligencia individual y cómo se aplica para resolver problemas académicos. Por el contrario, el CE se trata sobre entenderse a sí mismo o misma a través de las emociones, pensamientos y comportamientos, así como aplicar esta misma compresión con las demás personas con las que llega a interactuar durante su día a día.

Ser capaz de conectar con otras personas de dicha forma emocional es lo que hace que las personas con un CE alto tengan más éxito que las que tienen un CI.

. . .

Tome como ejemplo a dos personas en su ambiente de trabajo. Uno de ellos, a quien se le referirá como David, tiene un nivel de CI increíblemente alto.

Es más inteligente que cualquier persona, un genio certificado, y demuestra una destreza extraordinaria al momento de utilizar la lógica y la técnica. Sin embargo, David tiene un CE bajo. Si bien es apreciado en la compañía gracias a su excelencia, tiene dificultades al momento de relacionarse y comunicarse con sus compañeros y compañeras de trabajo. En consecuencia, muchos lo ven como un "sabelotodo". Esto ocasiona que David se repliegue más en sí mismo, lo que lo vuelve casi un recluso de su trabajo. Todo el día se mantiene dentro de su oficina o cubículo y no pasa su descanso con los demás trabajadores en la sala común; durante las reuniones de trabajo, siempre está tomando notas, pero se sienta hasta la parte de atrás y solo habla si un dato es erróneo. No sabe cómo apoyar a los demás cuando se sinceran sobre sus problemas personales y, cuando lo intenta, resulta bastante incómodo y un poco torpe. Todo esto porque David tiene un CE menor.

En contraparte, está Valeria, que tiene un CI promedio y no es más inteligente o exitosa que cualquiera de sus demás compañeros y compañeras, pero también tiene un CE alto.

Socializa con los demás durante el descanso e incluso organiza reuniones después del trabajo para inculcar la confianza de equipo entre las personas con quienes participa en proyectos. Ella es capaz de darse cuenta cuando un compañero tiene complicaciones personales y profesionales y puede acercarse a él para ofrecerle cualquier tipo de apoyo que necesitara.

Durante las reuniones de trabajo, está en el centro de todo, expresando sus dudas, ofreciendo sus opiniones y dando retroalimentación desde los distintos puntos de vista que logró considerar, lo que hace que sus similares y superiores se interesen y tomen a consideración todo lo que dice.

Tiene la habilidad de hacer sentir a las personas cómodas con su presencia, y no tiene miedo o pena cuando es momento de hablar con ellas.

Ahora, imagine que tanto David como Valeria aplican para una posición directiva dentro de la compañía para supervisar al equipo de "tecnología y herramientas". El primero tiene el CI necesario y sabe cómo manejar cualquier situación que surja dentro del equipo desde un punto de vista técnico. Pero Valeria tiene la habilidad de manejar y lidiar con los empleados. Ella es alguien en quien su equipo tiene la confianza de acercarse por cualquier problema porque saben que les apoyaría y trabajaría con el propósito de fortalecer la estabilidad del departamento.

Con este planteamiento, usted puede ver por qué Valeria tendría ventaja al ser considerada para el trabajo, incluso si no tiene las inclinaciones tecnológicas que David sí.

Para poder tener éxito dentro de una fuerza de trabajo compuesta por personas, se necesita cierta cantidad de inteligencia emocional. Intente recordar cualquier trabajo que haya tenido con anterioridad y considere las situaciones en donde un individuo fue promocionado mientras que los demás no, incluso cuando habían personas igual o más calificadas que él. Busque identificar las habilidades del CE en ellos y considere si esto jugó un papel dentro de las consideraciones de quien fue seleccionado. Puede que incluso se sorprenda al percatarse que usted fue una opción para tomar la posición a la que estaba calificado o calificada únicamente basándose en su CE.

. . .

Esta anécdota no está diseñada para despertar prejuicios. Tanto hombres como mujeres pueden tener niveles de CI y CE altos y bajos. Tampoco es un intento de separar a las personas introvertidas de las extrovertidas. El Coeficiente Emocional no tiene relación con la habilidad social de un individuo, y este puede ser desarrollado en cualquiera. Si bien puede parecer que David y Valeria difieren en cuanto a sus vidas sociales, en este ejemplo, la mayor desventaja se encuentra en que el primero tiene un nivel bajo mientras que el de la última es mayor.

Claro, el CE es más complejo que simplemente ser social y poder relacionarse con otras personas.

La voluntad que Valeria tiene de interactuar y apoyar a sus compañeros de trabajo, su deseo de llevar a cabo ejercicios de integración de equipos y una atmósfera comunitaria, así como sus preguntas que invitan a sus superiores a reflexionar son también lo que la hace destacar entre los demás. Estos componentes son parte del CE también.

<u>Las emociones</u>

. . .

Las emociones se definen como una reacción mental consciente que se experimenta de manera subjetiva como un fuerte sentimiento que la mayoría de las veces va dirigida hacia un objeto en específico y, además, va acompañado por cambios en las actitudes fisiológicas y conductuales del cuerpo.

Las emociones ocurren dentro del sistema límbico. Esta parte del cerebro es donde ocurren las reacciones iniciales a los estímulos externos e internos. También, toman forma antes de que el resto del cerebro pueda reaccionar a algo en específico. Por caóticas, abrumadoras e incluso molestas que las emociones parezcan, en realidad son una parte muy importante de la humanidad en general, pero también de los individuos en específico.

Dependiendo de la persona, las emociones van ligadas directamente a comportamientos y pensamientos en específico. Así mismo, pueden influir en las respuestas y decisiones que se tomen.

Estas últimas pueden ser algo tan simple como lo que desayunará ese día o tan grandes como en qué universidad quiere inscribirse para continuar con sus estudios; por otro lado, las reacciones dictadas por sus sentimientos pueden ser tan sutiles como poner los ojos en blanco cuando se fastidia o algo más extremo como azotar la puerta cuando se enfurece o llorar cuando está triste. Las emociones pueden ser pequeñas y fugaces o persistentes y de larga duración.

Una emoción breve puede ser irritación dirigida hacia su pareja, esposo o esposa por dejar el asiento del excusado levantado luego de que usara el baño. Una duradera puede tomar forma de duelo por la pérdida de un ser querido o incluso el resentimiento que surge del enojo.

Las emociones se dividen en tres partes diferentes. Existe un componente subjetivo, es decir, cómo usted siente dicha emoción en su experiencia personal. La siguiente parte es el aspecto fisiológico. Esto, en otras palabras, es la forma en que su cuerpo procesa la emoción y reacciona a ella. El tercero y último es la expresión, que se refiere a cómo se comporta en respuesta a dicho sentimiento.

Entonces, ¿para qué necesitan emociones las personas?

Estas, a pesar de los prejuicios que la rodean, son increíblemente importantes dentro de la vida diaria.

. . .

Algunos beneficios incluyen:

- Le motivan a actuar.
- Le ayudan a sobrevivir, desarrollarse y evitar el peligro.
- Le asisten en la toma de decisiones.
- Permite que otras personas le entiendan.
- Y viceversa; gracias a ellas, usted puede entender a los demás.

Como una especie social, entender y ser entendido o entendida por otros seres humanos es una parte vital de la comunicación. Usted probablemente ha experimentado la frustración que viene con intentar explicar un asunto a alguien y que esa persona no le entienda. Puede ser un gran fastidio tener este problema. Piense en sus propias emociones de la misma manera. Si nadie entiende cómo se siente, llega a ser muy doloroso y exasperante; ocasiona que se sienta aislado o aislada incluso cuando se rodea de personas. Los seres humanos necesitan un sentido de conexión y pertenencia para satisfacer su misma naturaleza.

Existen seis emociones básicas o nucleares que todo ser es propenso o propensa a sentir. Estas son:

- Felicidad.

- Tristeza.
- Miedo.
- Disgusto.
- Enojo.
- Sorpresa.

Todas estas pueden ser expresadas a través de expresiones faciales, la postura corporal y vocalizaciones. El cuerpo también experimentará una respuesta fisiológica, sin embargo, no siempre es algo que puede ser visto por los demás.

Usualmente, la felicidad se expresa con una sonrisa, una postura relajada y tono de voz animado.

La tristeza se indica a través de un comportamiento taciturno, la acción de llorar, sentir cansancio o desánimo, una voz callada o no hablar en absoluto, y apartarse de los demás.

El disgusto se presenta físicamente como el apartarse o alejarse de la causa de dicha reacción. Cuando siente esta emoción, puede llegar a estar nauseabundo, tener arcadas, jadear e incluso vomitar. Su rostro puede encogerse gracias a su nariz arrugada o por levantar el labio superior.

El miedo puede verse en la cara de alguien con los ojos bien abiertos y la barbilla retrocediendo.

El lenguaje corporal expresa con claridad el deseo de huir y/o de esconderse por lo que sea que esté ocasionando la reacción. Otros indicadores pueden ser un pulso cardiaco acelerado, respiración agitada y sudoración.

El enojo se presenta en el rostro de alguien con el ceño fruncido o una mirada asesina. Los labios normalmente también se curvan hacia abajo, casi como en puchero. El cuerpo expresa un comportamiento casi hostil, apartándose de la causa de la emoción o, por el contrario, planteándose frente a ella de manera firme y con fuerza. Verbalmente, esta emoción se expresa en un tono áspero, duro o alto, llegando a alcanzar los gritos. Esto ocasiona también que la cara de la persona se vuelva roja o empiece a sudar. En casos extremos, el enojo puede convertirse en explosiones agresivas que resultan en golpes, patadas, mordidas, el lanzamiento de cosas, entre otros actos violentos.

. . .

La sorpresa se manifiesta como una mandíbula caída, las cejas alzadas y los ojos amplios. Una respuesta física puede ser un sobresalto o cualquier otro movimiento errático y súbito. Cuando usted siente esta emoción, su respuesta verbal puede ser gritar, jadear o quejarse.

Lo más probable es que, en algún punto de su vida, usted haya experimentado todas estas emociones. También, puede que haya notado las respuestas físicas, fisiológicas, faciales, verbales y corporales a todas ellas.

Es posible que las haya visto presentes en otras personas; tal vez sus respuestas fueron ligeramente diferentes, pero todavía puede entender cuáles reacciones se relacionan con su respectiva emoción.

El factor interesante de estas es que usted puede experimentarlas combinadas, es decir, puede sentir miedo y sorpresa al mismo tiempo. O puede estar triste y enojado o enojada simultáneamente. Incluso emociones contradictorias, como la felicidad y la tristeza, pueden presentarse a la vez. Cuando combina dos emociones básicas, termina con un resultado más complejo. Tome como ejemplo las emociones de tristeza y disgusto; cuando las mezcla, termina con el remordimiento como resultado. Si, por ejemplo, se sintiera sorprendido o sorprendida y con un poco de miedo, entonces estaría ante la complejidad de la fascinación.

De manera similar a como un círculo cromático con los colores primarios puede ser mezclado para conseguir colores secundarios y así sucesivamente, las emociones pueden combinarse para crear sentimientos más profundos.

¿Entiende ahora su complejidad y lo vitales que son para el éxito de las interacciones humanas?

El CE

La inteligencia emocional se divide en algunas partes clave.

Estos componentes se abordarán y elaborarán varias ocasiones durante los capítulos siguientes; sin embargo, conocer su constitución le dará un buen punto de inicio para su progreso orientado hacia el entendimiento y el incremento de su propio CE.

. . .

En los capítulos 4, 5 y 6, dichos compuestos serán seccionados. Se le otorgará las herramientas y ejercicios necesarios para aplicarlos de tal forma que le ayude a desarrollar su Coeficiente Emocional. Usted notará que las diversas piezas de su inteligencia emocional se entrelazan y apoyan entre sí para ser aplicadas en diferentes situaciones.

Por un lado, la autoconsciencia que juega un papel dentro esta última se relaciona en específico con su habilidad de percibir sus propias emociones. Es mucho más que saber cuáles son; es también mantenerse al tanto de ellas mientras suceden. Conocer sus sentimientos tras ser experimentados sólo le ayuda hasta cierto punto. La retrospección no le permite una ventaja para avanzar. Por lo tanto, este elemento, como su nombre lo indica, involucra ser consciente de lo que sucede en su interior al momento, así como las reacciones externas que desata.

El siguiente componente es el automanejo, una capacidad que va ligada directamente a la anterior.

. . .

En referencia al CE, esta se refiere a tomar consciencia de sus emociones y sobrellevarlas de una manera productiva.

En esencia, usted utiliza su autoconciencia para ser flexible con sus respuestas emocionales y las canaliza de forma positiva que resulta en un comportamiento favorable; no permite que sus emociones le controlen porque es capaz de controlarlas a ellas.

El tercer elemento es la conciencia social, algo muy cercano a enfocarse en sus propias emociones. Cuando se adentra a esta primera, usted es capaz de percibir las emociones de las demás personas con las que interactúa. Con el paso del tiempo, entenderá a aquellas con las que mantiene un contacto cercano, pero el CE viene con la capacidad de entender incluso a los individuos a quienes pasa por la calle casualmente. Le sorprenderá cuántas personas con dificultades emocionales responden de manera favorable a extraños y extrañas que se acercan a ellas con un semblante de comprensión. Este tipo de amabilidad y compasión puede cambiar su vida y la de los demás.

Por otra parte, está el manejo de relaciones.

· · ·

Basándose en el elemento anterior, al usar su CE para entablar lazos con otras personas involucra estar consciente de sus emociones tanto como las del otro individuo involucrado o involucrada. Al ir más allá del simple entendimiento, usted puede usar los sentimientos de ambas partes para manejar la situación. Esto puede beneficiarle al momento de la mitigación de conflictos, demostrar apoyo durante periodos de duelo y ayudar a su pareja a reducir su estrés sobre los quehaceres del hogar. El manejo de sus relaciones tampoco es algo que se aplique sólo en las románticas, sino en todo tipo, ya sea familiares, platónicas, parentales e incluso profesionales.

El último es la empatía, es decir, la habilidad de verse reflejado o reflejada en otra persona. Más allá, es la capacidad de compartir emociones con él o ella. Muchas personas piensan que no puede empatizar propiamente con alguien si no han atravesado las mismas situaciones de forma exacta a como él o ella las pasó; pero esto, en realidad, refiere más a la simpatía: el hecho de que dos personas convivan con las mismas emociones ocasionadas por una experiencia en común.

Es importante que diferencie ambas palabras y tipos de relaciones, pues con frecuencia se usan de manera intercambiable. Con un Coeficiente Emocional alto, es posible entender las emociones ajenas y compartirlas sin haber atravesado la misma situación. Esto es la verdadera empatía.

Por ejemplo, imagine que un amigo o una amiga perdió a su hermano en un accidente automovilístico. Usted es hijo único o hija única; no sólo no sabe lo que no es tener un hermano, tampoco sabe lo que significa perderlo. Más aún, no conoce a nadie que haya fallecido de esa forma. ¿Acaso eso le impide compartir el duelo de su amistad o ser una fuente de apoyo cuando se lamente? No debería. En su lugar, usted debería ser capaz de entender su dolor gracias a la mera comprensión de emociones como la aflicción y el dolor.

Si, por otro lado, una de sus amistades terminara con su pareja de mucho tiempo dos años después de que usted pasó por un divorcio, entonces ser capaz de compartir este dolor basado en el hecho de que atravesaron una experiencia similar se clasificaría como simpatía.

Claro, no todas las experiencias en donde las emociones puedan ser empatizadas son dolorosas o lamentables.

. . .

Fueron usadas como ejemplos pues suele ser complicado para las personas, en general, entender a una amistad o familiar que está sufriendo una pérdida.

Las emociones como la felicidad también pueden ser compartidas, al igual que el enojo, la sorpresa, la confianza, el amor, etc. Y solo porque estas emociones coincidan no significa que usted deba experimentarlas de la misma manera que la otra persona. Puede empatizar y apoyar sin llorar junto con él o ella en el funeral de su hermano. Puede demostrar empatía cuando su hijo o hija obtiene su licencia de conducir al expresar su alegría o emoción, incluso si no salta como él o ella lo haría.

Por lo tanto, un punto importante dentro de la empatía es el reconocimiento de que todo el mundo experimenta las emociones de manera diferente. Este punto se profundiza gracias al CE; si bien se necesita cierto nivel para ser capaz de empatizar en general, y uno más alto para expresarla de tal forma que sea recibida favorablemente, incluso si es en una manera diferente a la que otras personas la expresarían.

También necesitará un grado elevado de CE para saber

que está recibiendo empatía de alguien que procesa y expresa sus emociones de forma diferente a usted.

A pesar de que los humanos son seres emocionales y sociales, siguen siendo individuos. Este entendimiento será una fuerza que impulsará el crecimiento de su CE, así como la aplicación de sus habilidades sobre sí mismo o misma y los demás a su alrededor. Su meta no es aumentar su inteligencia emocional con el propósito de forzar o convencer a otros a que se conformen con la manera en que se expresa.

Existe un cierto nivel de aceptación en el que las respuestas emocionales de los individuos difieren, algo que surge de este coeficiente. Esto, por su cuenta, es una cualidad de la empatía.

La conexión entre los pensamientos, las emociones y los comportamientos

Como se describió con anterioridad, sus emociones se manifiestan física y fisiológicamente. Son capaces de impactar sus pensamientos y procesos de razonamiento, así como sus comportamientos y acciones; sin embargo, no todas son aceptadas por la sociedad. Esto variará bastante dependiendo de su cultura y región geográfica. Si quiere tener éxito y elevar su CE, usted necesita entender un profundo entendimiento de qué tipo de actitudes son bienvenidas y cuáles no. Esto también puede cambiar con el tiempo y de acuerdo con las leyes introducidas o renovadas por líderes políticos. Tener un Coeficiente Emocional alto le otorgará la habilidad de adaptar sus respuestas emocionales a través de los diversos cambios de la vida.

Si observa la relación interconectada entre las emociones, los pensamientos y las actitudes, verá cómo cada uno de ellos tiene un gran impacto.

Usando como ejemplo un paradigma de comportamiento, imagine que el estímulo exterior de la fecha límite de un proyecto se adelanta tres días cuando usted ya había organizado su carga de trabajo de una forma que necesitaría esos tres días adicionales.

En el momento que usted obtenga las noticias de este cambio, el primer pensamiento que pasará por su cabeza es que nunca terminará a tiempo. Debido a que las emociones son procesadas más rápido que los pensamientos racionales, usted de inmediato siente pánico y ansiedad. Su cuerpo empieza a responder físicamente con la pérdida del apetito, palpitaciones de su corazón y tensión en sus músculos. Su comportamiento cambia. Empezará a caminar de un lado a otro y a tartamudear en vez de trabajar. En pocas palabras, se vuelve irritable.

Este ciclo se vuelve un círculo vicioso. Mientras más se pasee y pierda la concentración, avanza menos con su trabajo.

Esto le regresa directamente al pensamiento inicial de condena y pesimismo, lo que le hace pensar que nunca logrará su cometido. Su ansiedad y pánico se realzan, lo que conlleva más debilidades físicas. Ahora está frustrado o frustrada porque no ha podido comer y porque tiene náuseas.

Usted no hace más que meterse más profundo en este problema al no realizar el trabajo lo que agrava la tensión muscular y la ansiedad. Todo avanza en este mismo ritmo: sus pensamientos, emociones, comportamientos y respuestas físicas se sobreponen y continúan exacerbando la situación al influenciarse entre sí.

. . .

Esto puede suceder en una cantidad incontable de maneras.

Es posible que se entere de una mala noticia y de inmediato se sumerja en las aguas del pánico y la preocupación, lo que le lleva a la irritabilidad y ocasiona una falta de apetito. No comer empeora su humor y, finalmente, llega a la conclusión de que nunca logrará nada.

Independientemente de dónde empiece su reacción, ya sea desde los pensamientos, las emociones o las actitudes, todo se vuelve un efecto mariposa, hasta que los tres factores se conectan en ese mismo estímulo externo.

Ahora, lo más probable es que tenga su reacción predeterminada sea mental, mientras que la de alguien más sea de actitudes. Entender mejor cómo usted procesa la información y lo que le sigue a dicho factor le ayudará a incrementar su CE. Intente recordar la última vez que recibió buenas noticias y cuál fue su reacción inicial.

Las complejidades de estos patrones emocionales no

tienen límites. Una vez que domine el entender las propias y en la percepción de las ajenas, le será claro lo importante que son estas destrezas para alcanzar el éxito.

Las emociones, los pensamientos y las actitudes están conectadas a diferentes niveles. En lo que concierne la toma de decisiones, los sentimientos juegan un papel importante, pues estas pueden manejar sus pensamientos, lo que le orientará hacia el tipo de comportamiento que viene con la opción que usted elija. Cada vez que realiza una elección, toma una acción, lleva a cabo un comportamiento o tiene un pensamiento, se incluye un componente emocional, no importa qué tan pronunciado o discreto sea. Cuando experimenta un sentimiento, desata pensamientos y actitudes que contribuyen a este tipo de respuesta. Cada vez que tiene un comportamiento en específico, detrás de él hay patrones de pensamientos y emociones que contribuyen a su desenvolvimiento.

En vez de intentar separar sus emociones, pensamientos y comportamientos en un intento de controlarse o reprimirse a sí mismo o misma, la mejor manera de manejar esta conexión es cambiar las formas en que reacciona y responde.

. . .

Considérese como un relámpago.

Es más fácil redirigir uno de estos con una varilla de metal que intentar atrapar y detener una tormenta eléctrica antes de que suceda en primer lugar. Estos tres factores mencionados al inicio son todos tipos de química corporal y, por lo tanto, energía corporal. En sus clases de ciencias, aprendió que debe tener la mezcla y cantidad correcta de ingredientes para obtener el resultado que desea. Remover incluso una pieza cambia el compuesto por completo.

Con el propósito de realzar su CE, usted debe entender cómo estas partes de su persona están conectadas y cómo interactúan. Tómese el tiempo que necesite para anotar algunas experiencias en las que pueda recordar vívidamente sus reacciones emocionales, de comportamiento y de cognición. Empiece a descifrar por su cuenta las maneras en las que se unen y qué reacciones desataron en usted. Le será de gran beneficio mientras progresa a través de futuros capítulos.

2

La clave del éxito está en usted

¿Qué parte de su CE hace tanta diferencia ahí en donde su CI le hace falta? La respuesta fácil es que el 90% de la fuerza de trabajo tiene un CI de entre 110 y 120; este factor es principalmente genético. Si bien puede incrementar a lo largo de su infancia y la escuela primaria, hay un límite predispuesto sobre el nivel que puede alcanzar. Para destacar dentro de su ambiente laboral y entre sus compañeros y compañeras, usted necesita salir de este gran porcentaje de personas.

Por décadas, existió la idea de que un CI alto e inteligencia académica era la fuerza impulsora detrás del éxito en el trabajo. Este hecho generalmente aceptado ha ido perdiendo su validez poco a poco, siendo a la vez reemplazado con la idea de que este factor es sólo una parte de la ecuación. En realidad, el CI no es ni la mitad de lo que lo compone. La división entre la importancia del CE y el CI no es equitativa.

Tome como ejemplo a los mejores amigos, Félix y Ernesto. Se conocen desde que tenían cinco años. Crecieron como vecinos, jugaban ajedrez juntos, nadaban en el mismo equipo de natación, y ambos fueron aceptados por universidades de alto prestigio institucional. Tanto Félix como Ernesto tienen un Coeficiente Intelectual arriba del promedio. De hecho, los dos tienen la misma calificación de 167, más allá de los límites.

Félix trabaja para una compañía como auxiliar de TI, ayudando a otros empleados a arreglar sus computadoras, actualizar su software y resolver cualquier pequeño problema. Vive solo en un departamento de un cuarto y, a pesar de salir a bares cada noche los viernes, usualmente no conoce a nadie con quien mantiene largas conversaciones o vuelve a ver en absoluto. Apenas conoce a otros residentes en su edificio y la mayoría no lo reconocería a primera vista.

Por otra parte, Ernesto es el CEO de una compañía de desarrollo de software que funge dentro de un mercado internacional. Es dueño de una gran casa en los suburbios junto con su esposa, una supermodelo exitosa, y están esperando su primer hijo en tres meses. Organizan comidas en su casa con los vecinos y todas las personas de la calle saben quiénes son y son parte de su círculo social. Invitaron a más de trescientas personas a su boda.

Entonces, ¿qué fue lo que ocasionó que los estilos de vida de estos dos hombres se separaran tanto? Basándose en su inteligencia, educación y experiencias de la infancia, se esperaría que ambos tuvieran carreras exitosas. Sin embargo, a Félix le hacía falta algo que en repetidas ocasiones inhibió su habilidad de adelantarse o alcanzar el triunfo. El único factor que ambos no tuvieron en común durante los primeros años de sus adulteces fueron sus Coeficientes Emocionales. Mientras que a Félix le hacía mucha falta, Ernesto tenía un nivel alto, lo que llevó a su vida por una dirección completamente diferente.

A pesar de que Félix intentó destacar dentro de la compañía en la que trabajaba, no pudo hacer un gran impacto sólo con su inteligencia. Claro, si había algún problema con las computadoras, todo el mundo sabía que él era el mejor para manejarlo. Pero, si les preguntara a las mujeres cómo se sentían cuando él entraba a sus oficinas para trabajar en sus equipos de computación, le dirían que las hacía sentir incómodas. Cuando indague por más detalles, no reportarían ningún tipo de acoso o actitud inapropiada, simplemente le dirían que las miraba más de lo necesario o que, cuando él intentaba hablarles, no le entendían en absoluto.

Si les pregunta a los hombres lo que pensaban de él, lo más probable es que dirían que era brillante, pero que, personalmente, no les agradaba. Una vez más, al querer saber más, no habría una razón obvia o fuera de lugar.

La mayoría reportarían que se sentía como si intentara hacerles sentir inferiores debido a su CI inferior.

Por estas mismas razones, nunca se destacó en las juntas administrativas ni lo consideraron para un posible ascenso.

De hecho, este tipo de "vibra" o "sentimiento" del que otros empleados y empleadas hablaban fue lo que pudo obstaculizar seriamente su oportunidad de obtener uno si se aplicaba para una posición más alta. Dicha incomodidad social, la inhabilidad de "leer" a su audiencia y el ego que centraba alrededor de su propia inteligencia hacía que sus compañeros se sintieran desanimados de intentar conocerlo a un nivel más personal. Todas estas son señales de un CE bajo. Félix demuestra una clara falta de entendimiento emocional sobre aquellos a su alrededor y su habilidad para adaptarse.

En su vida en el hogar, la falta de CE se vuelve mucho más evidente. La mayoría de las personas que viven en un edificio conocen a algunos de sus vecinos; sea porque sólo saben sus nombres y a veces llegan a saludarse casualmente cuando se encuentran por los pasillos, o porque en verdad han socializado, es algo común el formar una conexión con quienes viven. Cuando Félix se cruza con los suyos, se rehúsa a hacer contacto visual y simplemente se escabulle rápidamente. Su CE bajo le impide entablar algún tipo de lazo incluso con las personas a quienes pasa en el camino. No puede interactuar con ellas porque no sabe cómo tener pláticas informales.

Un individuo necesita entender el lenguaje corporal y las expresiones faciales para poder tener interacciones casuales.

Como se comentó en el Capítulo 1, estos dos elementos se relacionan, en la mayoría de las ocasiones, con algunas respuestas y estados emocionales. Esta aversión por el contacto hace que Félix sea menos notorio para sus vecinos, por lo que son más propensos a ignorar su presencia.

. . .

Él vive solo porque ha tenido repetitivas dificultades al momento de formar relaciones personales y románticas. Sin el entendimiento de sus propias emociones, no ha sido capaz de contribuir de manera oportuna a sus lazos. Debido a su bajo CE, tampoco ha sido capaz de comprender o navegar los sentimientos de sus parejas. Por lo tanto, cuando una de ellas pasa por momentos vulnerables o intenta conectar con él a un nivel más íntimo, él no sabe qué hacer. No puede ser empático con ellas y no puede apoyarles de la manera en la que se esperaría de una persona con la que se entabló una relación de esta naturaleza.

En los primeros meses de una relación, durante la mejor conocida fase de la "luna de miel", este tipo de conexiones emocionales más profundas no son tomadas en cuenta.

Félix es capaz de tener una pareja con quien está bien al principio, pero con quien pronto empieza a pelear y, un par de veces más tarde, terminan. No es que él no quiera arreglar las cosas o que no quiera compañía en general, simplemente no sabe cómo lograr arreglar todo debido a su poco CE.

. . .

Cuando sale los viernes en la noche para intentar conocer nuevas personas, se sentará en la esquina de un bar y esperará a que otras personas se acerquen a él. Una vez que entabla una conversación, rápidamente se vuelve obvio que a Félix le hace falta conciencia social. Esto lleva a silencios incómodos, que dejan a los demás ofendidos o confundidos, mientras que otros creen que él está intentando hacerles parecer tontos. No sabe qué momentos son apropiados para coquetear o bromear sobre algo, e incluso no se dará cuenta cuando alguien está haciendo un simple comentario ligero.

Muy pronto, estas interacciones sociales que se basan en las emociones se vuelven frustrantes y vergonzosas para Félix y cualquier otra persona involucrada.

Su bajo nivel de CE interfiere en repetidas ocasiones con su habilidad de tener alguna clase de vida normal o exitosa. No tiene prestigio en su trabajo, no es popular en cuanto a sus relaciones sociales o románticas; todo esto se adjudica a su Coeficiente Emocional.

En el caso de Félix, su CI increíblemente alto no contribuye mucho a sus oportunidades de tener éxito.

. . .

Por otra parte, para Ernesto, los niveles de su CI y CE son altos. Ascendió por todos los puestos de una compañía de software gracias a su empatía, amabilidad y el apoyo que le daba a sus compañeros y compañeras. Fue capaz de desarrollar su propio producto que llegó a beneficiar a muchas personas. Gracias a su carisma y comprensión, empezó su propia compañía, alcanzando un público internacional y, posteriormente, llegó a conocer al amor de su vida.

Si bien su relación no es perfecta, ningún lazo romántico lo es, pero su Inteligencia Emocional le permite manejar sus emociones y navegar las ajenas. Esto le llevó a construir una conexión lo suficientemente sólida como para casarse y empezar una familia juntos. Sus vecinos saben quiénes son y les agrada organizar reuniones sociales como comidas al aire libre y fiestas en la cuadra. Él no sólo tiene éxito en su carrera profesional, sino también en todos los aspectos de la vida en los que Félix no.

Las diferencias que un Coeficiente alto puede marcar en el estilo de vida, los logros y las relaciones son bastante notables entre los contrastes de las experiencias de estos dos ejemplos. Félix, como director ejecutivo, está en una posición administrativa.

El CE le ayuda bastante a llevar a cabo su trabajo de

la manera apropiada. Las personas con un nivel bajo de este coeficiente que intentan liderar o estar frente a toda una compañía pueden terminar fallando o causando que muchas personas se sientan inconformes.

Imagine que Félix, con lo que conoce de su vida, intenta ser gerente de un equipo compuesto en su mayoría por mujeres. Parece poco probable que tenga éxito, pues se sabe que normalmente las hace sentir incómodas con su presencia. Ahora, véalo siendo el director de una empresa. ¿Cómo podría entablar conversaciones con sus socios, hacer tratos comerciales o incluso hablar con sus empleados sin ofenderlos, irritarlos o malinterpretar sus interacciones? Es difícil imaginarlo teniendo éxito en cualquier puesto de gestación.

Pero puede suceder. A veces, las personas con un CE bajo o moderado se adentran en este tipo de posiciones o roles dentro de cualquier ambiente profesional. Si en algún momento usted se ha encontrado trabajando para un mánager a quien sintiera completamente irracional, imposible de entender y nunca pareciera tener el interés de sus empleados en mente, entonces ya sabe lo que es trabajar para el tipo de persona con una falta de este tipo de coeficiente. Lo más probable es que él o ella no haya durado tanto tiempo en la compañía y, cuando al fin tuvo que irse, tal vez no haya logrado obtener un puesto similar en otro lugar.

Puede ser increíblemente difícil trabajar con alguien o bajo el mando de alguien cuyo Coeficiente Emocional esté en un grado inferior. Además, es complicado estar en cualquier tipo de relación con esa persona, no se limita sólo al romance. Por suerte, con las habilidades que aprenderá en los Capítulos 4, 5 y 6, usted logrará desarrollar la destreza para navegar estas interacciones de una manera que le sea cómoda y benéfica.

Claro, usted no puede lograr que su jefe o director eleve su CE, pero. al aumentar el propio, sabrá cómo tener interacciones más fáciles con él o ella y no se frustrará o molestará cuando trabajen juntos. De manera similar, cambiar su comprensión emocional no alterará el de una pareja romántica o un miembro de su familia, pero obtendrá las herramientas necesarias para mantener una relación que alivie el estrés y la tensión de sus hombros, así como de los ajenos.

El ejemplo de las vidas de Félix y Ernesto puede ser un poco extremo. Fue diseñado para señalar las diferencias entre el CI y el CE y para ilustrar de manera más clara por qué el segundo es una contribución mucho más influyente al alcance del éxito. Desafortunadamente, una baja presencia de este coeficiente también puede traer otro tipo de conflictos más adelante. Ser incapaz de mantener relaciones estables, aislarse de la sociedad hasta cierto grado, y sentirse como un fracaso puede provocar problemas en la salud mental como depresión y ansiedad, entre otros similares.

Ahora sería un buen momento para tomarse el tiempo de analizar sus propias relaciones. Si ha tenido romances fallidos, considere qué fue lo que realmente salió mal. Si ha terminado o se ha distanciado de sus amigos o familiares, ¿qué contribuyó a esta separación? ¿Hay alguna relación de su pasado o su presente que tenga y considere difícil? Eche un vistazo a sus compañeros y compañeras de trabajo, sus similares, y aquellos y aquellas en papeles administrativos o de orientación. Si hay problemas con estas personas, ¿cuáles son? ¿De dónde se originan?

Al ir desglosando estos conflictos, usted podrá empezar a ver dónde y cómo su CE ha impactado a su vida. Esto puede ser algo difícil, porque a nadie le gusta admitir si en algún momento se equivocaron y cuáles fueron esas ocasiones.

. . .

Pero sea honesto u honesta consigo mismo o misma; sólo así logrará realizar algún cambio en su persona, lo que marcará una gran diferencia en su futuro. Basándose en la anécdota anterior, ¿comprende mejor a Félix o a Ernesto? Recuerde, estas dos caricaturas son extremos exagerados de la influencia de estos dos tipos de coeficientes. La mayoría de las personas, en realidad, se encuentran en una zona más intermedia en cuanto a su CE. Algunas personas tienen una consciencia de sí mismos o mismas bastante buena, pero no son capaces de manejar sus relaciones o expresar su empatía. De manera similar al CI, hay muchos niveles en el que puede caer dentro de la escala de este primer tipo.

Ya que la inteligencia emocional tiene diversas capas, donde sea que caiga en el espectro puede estar más o menos cerca de Félix que de Ernesto o viceversa, pero aún sin llegar al nivel o tipo de éxito que este último alcanzó. Usted puede encontrarse más cerca del primero, pero no vivir experiencias tan malas; y, aun así, no tiene el CE suficiente como para ir más allá del nivel de logros que ha alcanzado hasta el momento. Sin importar en dónde se encuentre dentro del espectro de este tipo de inteligencia, la verdad es que usted puede incrementar su nivel de CE. ¡Todavía hay esperanza!

3

Aprenda a sentir emociones

Desde que la noción de que el CI es el principal factor para alcanzar éxito ha ido volviéndose menos popular, en su lugar, el enfoque y los estudios han tornado su atención cada vez más hacia la inteligencia emocional y cómo el CE puede impulsar a las personas a alcanzar sus metas. A diferencia del primer coeficiente, que está basado en una predisposición genética que, de cualquier manera, se va nivelando con el avance de los años, el CE tiene el potencial de ser cambiado y desarrollado incluso durante la adultez. Esto lo vuelve un set de habilidades más útil y versátil.

Existen varios estudios que han demostrado cómo la inteligencia emocional debería ser aumentada. Uno de ellos fue basado en el resultado de un experimento basado en el control; diecinueve niños y niñas fueron puestos en un grupo para que desarrollaran su CE.

Así, asistieron a cuatro sesiones de entrenamiento que duraron dos horas y media, en donde aprendieron todo lo necesario sobre su inteligencia emocional. Un segundo equipo de dieciocho niños y niñas siguieron viviendo como si nada.

Al final de sus clases, el primer grupo demostró un aumento significativo en sus habilidades para identificar las emociones, así como manejarlas. El segundo no mostró tales cambios. De manera adicional, cuando se volvió a checar a aquellos diecinueve infantes seis meses más tarde, se confirmó que los resultados de lo que aprendieron todavía no habían sido olvidados, lo que impactó sus vidas de manera favorable.

Claro, este último estudio también estuvo interesado en ver mejoras dentro de la salud mental, destrezas físicas, desempeño en la escuela y el trabajo y un desarrollo en las relaciones sociales. Efectivamente, todo esto se logró a través de las clases y el estudio de lo aprendido. Esto significa que el que usted se eduque a sí mismo o misma sobre su inteligencia emocional podría lograr resultados similares en su vida.

Elevar este tipo de inteligencia conlleva mucho más que orientarse por un camino seguro hacia el éxito, también ocasiona un empoderamiento profesional.

Al ir estudiando y practicando los métodos que se han comprobado como funcionales para el desarrollo de su CE, también ganará más cosas que probablemente le hagan falta. Se volverá una persona con más confianza, respeto propio y energía que invertir para cumplir sus metas. Al tomar la responsabilidad de mejorarse, se está dando algo que muchas personas no tienen: el control de decidir hacia dónde se dirige usted y qué camino seguirá en su vida.

La ciencia está disponible para usted para respaldar el cumplimiento de los logros que este texto le ofrecerá. Usted ha interactuado con investigaciones hechas por instituciones de reputaciones favorables que se enfocan en las razones por las cuales un CE alto le ayudará a tener más éxito. Si eso no es suficiente para emocionarle sobre estas estrategias comprobadas en los siguientes tres capítulos, a continuación, se le presentará otro ejemplo:

En este escenario, el novio de Elena, con quien había durado más de cinco años, terminó la relación porque él sentía que les hacía falta una buena conexión emocional.

Cuando ella se estresaba o se sentía agitada por razones de trabajo, la mayoría de las veces se descargaba con Carlos.

Esto le dio la sensación de que, cuando se encontraban juntos, él tenía que andar con cuidado, pues en cualquier momento podría enojarse, bloquear cualquier tipo de comunicación y aislarse por completo. Para cualquier otra persona, era claro que ninguno de los dos estaba feliz dentro de su noviazgo.

Tras la partida de Carlos, Elena pasó mucho tiempo echándole la culpa por la falla de su relación. Ella quería que así fuera, en realidad. Se decía a sí misma que él no la entendía y que no aceptaba su manera de ser. Incluso logró convencerse de que él era débil y no era la persona elegida para pasar el resto de su vida; se permitió creer que la razón por la cual no pudieron mantenerse juntos fue porque Carlos tenía algún tipo de problema emocional que no le permitía comprometerse a lo que ellos tenían, por lo que proyectaba sus conflictos en ella.

Quería desahogar toda su frustración con alguien y consideró llamar a su mamá o a su hermana. Desafortunadamente, desde hacía muchos años, Elena no tenía una relación fluida con su familia; no sólo vivían separados, sino que, siempre que se reunían, ella sentía que la estaban juzgando y que la criticarían por una razón u otra. En consecuencia, evitaba ir a estos encuentros y se aislaba; además, hablaba cada vez menos con ellos y procuraba verlos sólo en las festividades y eventos importantes, como aniversarios o cumpleaños. Por lo tanto, no tenía a nadie a quien llamar y con quien discutir sobre su relación acabada.

Por lo tanto, Elena regresó a su vida normal y trabajó en el proceso de superar a Carlos.

Muchos meses más tarde, le surgió la oportunidad de dejar su trabajo por un puesto mucho mejor dentro de la misma compañía. Entregó su solicitud, atravesó las entrevistas y se sentía bastante optimista sobre lo que resultaría después de todo. Una semana más tarde, la empresa le hizo saber que habían contratado a alguien más. Cuando Elena preguntó qué le había salido mal, le avisaron que sus habilidades con las personas no eran lo suficientemente desarrolladas como para encajar con los valores que solicitaban para cubrir dicho puesto.

. . .

Su reacción inicial fue enojarse con sus empleados. En silencio, los resintió y se dijo que ella era un instrumento valioso para la compañía y que el problema era que no sabían todo el trabajo que hacía para ella. Se convenció de que no valoraban sus talentos y que sólo querían obstaculizar su camino hacia el triunfo porque les preocupaba que fuera a mejorar demasiado, lo que la haría dejar el puesto.

Contempló seriamente el renunciar por completo con el único propósito de demostrar cuánto la necesitarían una vez que ya no formara parte del equipo.

A este punto, se tomó un momento para reflexionar.

Finalmente, se dejó contemplar todos los eventos de su vida durante los últimos meses con honestidad.

Fue capaz de admitirse que había sido irracional con sus emociones, en especial durante esas ocasiones en donde se bloqueaba de todo y de todos, una de las mayores razones por las cuales Carlos la había dejado en primer lugar.

Cómo Enfrentar tus Emociones más Difíciles y Temibles

. . .

También, reconoció que no tenía las mejores habilidades sociales en su trabajo. Este autodescubrimiento fue difícil y un poco doloroso. Sin embargo, Elena no quería que todo esto la desanimara.

En su lugar, ella quería tomar las acciones necesarias para que la siguiente relación a la que se adentrara tuviera éxito, y para que la próxima vez que se le presentara la oportunidad de ascender en el trabajo, obtuviera el puesto. Así, empezó a investigar y se cruzó con el concepto de la inteligencia emocional. Tomó un examen de CE y se sorprendió al percatarse de lo bajo que fue su resultado. Le faltaba tener mucha autoconciencia, así como consciencia social, y aún más la habilidad de manejar una relación, y su puntaje sobre el automanejo estaba cerca de ser cero. Elena supo entonces lo que tenía que hacer: debía elevar su Coeficiente Emocional.

Puede ser bastante revelador ver los resultados en blanco y negro y leer lo que cada uno de los valores significa. Hay varios exámenes de este tipo allá afuera, algunos bajo pago y otros disponibles gratis, que pueden ayudarle a encontrar el camino correcto en cuanto a su CE.

Conocer su calificación es el primer paso para

entender lo que necesita mejorar. Podría sorprenderse qué áreas son mejores y cuáles necesita trabajar.

De regreso a Elena, ella empezó a programar las estrategias de autoayuda que sabía que tendrían éxito para ayudarle a mejorar su CE. Practicó la reflexión y la meditación, empezó a desglosar las nociones positivas y negativas que se creían sobre las emociones, y empezó a buscar la manera de sentirse cómoda incluso en aquellas que no lo eran tanto. En ocasiones, el trabajo fue difícil y molesto, pero no quería rendirse. Estaba segura de que tendría éxito si lograba hacer dichos ajustes a su vida.

Para ayudarse aún más, buscó la ayuda de un profesional para que le guiara por el camino para aprender a empatizar, a ponerse en los zapatos de las demás personas, para saber cómo leer el lenguaje corporal y para que le diera consejos para planear su desempeño en los compromisos sociales de antemano. Así, recibió la retroalimentación del experto que le ayudó y eso hizo que recibiera más oportunidades para automejorarse que Elena tomó con gusto.

A través del trabajo duro y la perseverancia, ella fue capaz de terminar el programa para aumentar su nivel de CE.

. . .

Todos los días, practicó los métodos necesarios que le enseñaron, una y otra vez, hasta que su cerebro naturalmente empezó a responder de la manera en que estaba entrenando para que lo hiciera. Incluso empezó a notar algunos de los cambios dentro de sí, en especial cuando los miembros de su familia y amistades le comentaban lo diferente que se veía.

Cuando se sintió lista, Elena volvió a tomar el examen de CE y se emocionó mucho cuando descubrió que sus puntajes habían aumentado significativamente. Al mes siguiente, otra oportunidad surgió dentro de su compañía, y sintió la suficiente seguridad para aplicarse, así que lo hizo. Para su felicidad, la seleccionaron para el trabajo. El entrevistador y su directora se aseguraron de que supiera que notaron una mejora en su actitud y las diferencias en las interacciones con sus compañeros y compañeras.

Al final, estas últimas no fueron las únicas razones por las cuales se le consideró apta para el puesto; también fue su disposición a refinar su forma de ser. Sus superiores notaron la manera en que las opiniones que sus similares tenían sobre ella cambiaron y también se habían percatado de cómo Elena se convirtió en una persona completamente diferente en su trabajo. Le felicitaron por sus arduos esfuerzos y aseguraron que les emocionaba el ofrecerle el ascenso.

Elena estaba tan feliz que quiso celebrar. Tras haber invertido el tiempo de mejorar la relación con su hermana, se animó a llamarla y le dio las buenas noticias. Ella estaba feliz, emocionada y profundamente orgullosa. Fue una de las mejores conversaciones que Elena había tenido con algún miembro de su familia en mucho tiempo. Su hermana vivía a unas horas fuera de la ciudad, por lo que planearon encontrarse y pasar todo un fin de semana juntas una vez que la primera se asentara en su nuevo puesto de trabajo.

Todavía queriendo tener su propia celebración, Elena se puso en contacto con su vecino. Mientras que ella mejoraba su CE, ambos habían formado una conexión y descubrieron que tenían mucho en común. Era una amistad nueva y reciente, pero sabía que era el momento perfecto para promocionar su progreso. Así, planearon ir a cenar el viernes en la noche para celebrar.

No fue nada formal, pero Elena sólo quería pasar un buen rato. Ambos hicieron una reservación en un

iere alcanzar?

1 importar cuáles sean los propósitos personales que
é buscando cumplir, trabajar en su CE le ayudará a
stacar en todos los contextos de su vida, así como le
rmitirá una profunda introspección sobre su persona y
mo llevar a cabo todos sus sueños para volverlos reali-
d. Elena se esforzó bastante para aumentar su Coefi-
nte Emocional y cambiar cómo interactuaba y se
acionaba con otras personas. Más allá de esto, el resto
llevó a cabo por su cuenta.

na vez que se adentre a los Capítulos 4, 5 y 6, empezará
ver lo que realmente implica el aumentar su CE.
prenderá sobre métodos y estrategias aprobadas que le
señarán sobre la reflexión, la empatía, el entendimiento
 las complejidades ajenas, navegar su propia incomodi-
d, remover las asociaciones positivas o negativas de las
nociones, a qué poner atención del lenguaje corporal y
é planear antes de asistir a un compromiso social.

Esta lista de habilidades es una pequeña porción de lo
e aprenderá en lo que le sigue a este libro. En el capí-
o 4 y 5, el enfoque estará en la autoconsciencia y el
tomanejo respectivamente. En el capítulo 6, continuará
n la consciencia social y el manejo de las relaciones.
omo se ilustró en secciones previas, todos los cuatro

restaurante.

Ordenaron una botella de vino y pasaron la velada hablando sobre el nuevo trabajo de ella, discutiendo el inminente compromiso de una de sus vecinas y conversando sobre el tipo de cosas en las que los amigos se pierden.

Incluso cuando el propósito de su salida había sido celebrar la victoria de Elena, ella no quiso que todo el foco estuviera sobre ella, por lo que siguió incluyendo a su vecino para que no se sintiera excluido o se aburriera.

Como si el destino lo hubiera querido, mientras estaban cenando, Elena y su vecino se encontraron con Carlos. Al principio, el último parecía rehusarse a reconocer su presencia, pero ella no afrontó la situación con pena, incomodidad o enojo, como él había esperado.

Inmediatamente, Carlos pudo ver que Elena había cambiado. Se veía más feliz, ligera e incluso un poco más amigable. Tuvieron una conversación casual, como a veces logran hacer las exparejas, y ella le reveló que estaban celebrando un ascenso reciente. A él le sorpren-

restaurante.

Ordenaron una botella de vino y pasaron la velada hablando sobre el nuevo trabajo de ella, discutiendo el inminente compromiso de una de sus vecinas y conversando sobre el tipo de cosas en las que los amigos se pierden.

Incluso cuando el propósito de su salida había sido celebrar la victoria de Elena, ella no quiso que todo el foco estuviera sobre ella, por lo que siguió incluyendo a su vecino para que no se sintiera excluido o se aburriera.

Como si el destino lo hubiera querido, mientras estaban cenando, Elena y su vecino se encontraron con Carlos. Al principio, el último parecía rehusarse a reconocer su presencia, pero ella no afrontó la situación con pena, incomodidad o enojo, como él había esperado.

Inmediatamente, Carlos pudo ver que Elena había cambiado. Se veía más feliz, ligera e incluso un poco más amigable. Tuvieron una conversación casual, como a veces logran hacer las exparejas, y ella le reveló que estaban celebrando un ascenso reciente. A él le sorprendieron los cambios que había logrado realizar en su vida e incluso expresó orgullo por haber obtenido el puesto. Al final de su conversación, Carlos estaba tan encantado con la "nueva" Elena que le dijo que debían salir por un café algún día para ponerse al día con sus vidas. Ella aceptó y luego regresó con su amigo, con quien pasó el resto de la noche.

Una parte de Elena quiso invitar a Carlos a que se les uniera en la cena, pero ella sabía que eso podría ser una falta de respeto para su vecino y tal vez demasiado entusiasta o celoso para el primero.

Así, decidió que sería mejor organizar un encuentro social separado para interactuar con él, en especial porque apenas estaban reconectando su relación. Elena no quería insistir o actuar demasiado pronto. Tanto ella como su vecino disfrutaron el resto de su cena, y Elena regresó a su casa con un fuerte sentido de orgullo y realización personal.

Tras tomar la iniciativa de cambiarse a sí misma e incrementar su Coeficiente Emocional, muchas oportunidades se le presentaron para mejorar su vida. Recibió una promoción profesional, entabló una nueva amistad y fue capaz de reconectar con la pareja que había perdido. Su éxito pasó de ser casi inexistente, o completamente insignificante, a uno enorme.

En esta anécdota, Elena tuvo la suficiente autoconsciencia para darse cuenta de que había algo en ella que no estaba funcionando en sus relaciones personales y profesionales.

Esta habilidad es difícil de encontrar y aún más el admitir que podría tener razón. Sin embargo, debido a que usted ya está leyendo un libro sobre la mejora del CE, entonces ya hay una parte en su persona que sabe que puede cambiarse con el propósito de mejorar sus oportunidades de alcanzar el éxito.

¿Puede pensar en las ocasiones en su vida en las cuales usted pensó que tener un bajo Coeficiente Emocional le dificultaron lograr algo? Piense en las reacciones que Elena tuvo durante la primera parte del ejemplo y la forma tan enojada y a la defensiva que se comportó. ¿Puede entender los sentimientos y pensamientos que tuvo cuando algo en su vida no salió de la forma que ella había planeado? Ahora vea sus ganancias al final de la historia. ¿Este es el tipo de cambio que usted quiere realizar en su vida? ¿Es el tipo de metas personales que quiere alcanzar?

Sin importar cuáles sean los propósitos personales que esté buscando cumplir, trabajar en su CE le ayudará a destacar en todos los contextos de su vida, así como le permitirá una profunda introspección sobre su persona y cómo llevar a cabo todos sus sueños para volverlos realidad. Elena se esforzó bastante para aumentar su Coeficiente Emocional y cambiar cómo interactuaba y se relacionaba con otras personas. Más allá de esto, el resto se llevó a cabo por su cuenta.

Una vez que se adentre a los Capítulos 4, 5 y 6, empezará a ver lo que realmente implica el aumentar su CE. Aprenderá sobre métodos y estrategias aprobadas que le enseñarán sobre la reflexión, la empatía, el entendimiento de las complejidades ajenas, navegar su propia incomodidad, remover las asociaciones positivas o negativas de las emociones, a qué poner atención del lenguaje corporal y qué planear antes de asistir a un compromiso social.

Esta lista de habilidades es una pequeña porción de lo que aprenderá en lo que le sigue a este libro. En el capítulo 4 y 5, el enfoque estará en la autoconsciencia y el automanejo respectivamente. En el capítulo 6, continuará con la consciencia social y el manejo de las relaciones. Como se ilustró en secciones previas, todos los cuatro

dieron los cambios que había logrado realizar en su vida e incluso expresó orgullo por haber obtenido el puesto. Al final de su conversación, Carlos estaba tan encantado con la "nueva" Elena que le dijo que debían salir por un café algún día para ponerse al día con sus vidas. Ella aceptó y luego regresó con su amigo, con quien pasó el resto de la noche.

Una parte de Elena quiso invitar a Carlos a que se les uniera en la cena, pero ella sabía que eso podría ser una falta de respeto para su vecino y tal vez demasiado entusiasta o celoso para el primero.

Así, decidió que sería mejor organizar un encuentro social separado para interactuar con él, en especial porque apenas estaban reconectando su relación. Elena no quería insistir o actuar demasiado pronto. Tanto ella como su vecino disfrutaron el resto de su cena, y Elena regresó a su casa con un fuerte sentido de orgullo y realización personal.

Tras tomar la iniciativa de cambiarse a sí misma e incrementar su Coeficiente Emocional, muchas oportunidades se le presentaron para mejorar su vida. Recibió una promoción profesional, entabló una nueva amistad y fue capaz de reconectar con la pareja que habí[a] éxito pasó de ser casi inexistente, o complet[o] nificante, a uno enorme.

En esta anécdota, Elena tuvo la suficiente au[toconciencia] para darse cuenta de que había algo en ella [que no estaba] funcionando en sus relaciones personales y p[rofesionales.]

Esta habilidad es difícil de encontrar y aún m[ás saber] que podría tener razón. Sin embargo, debid[o a que] ya está leyendo un libro sobre la mejora del [Coeficiente,] ya hay una parte en su persona que sab[e que debe] cambiarse con el propósito de mejorar sus o[portunidades] de alcanzar el éxito.

¿Puede pensar en las ocasiones en su vida [en las que] usted pensó que tener un bajo Coeficiente [Emocional le] dificultaron lograr algo? Piense en las re[acciones que] Elena tuvo durante la primera parte del e[ncuentro,] forma tan enojada y a la defensiva que s[e comportó.] ¿Puede entender los sentimientos y pensa[mientos que] tuvo cuando algo en su vida no salió de la fo[rma que] había planeado? Ahora vea sus ganancias a[l final de la] historia. ¿Este es el tipo de cambio que [desearía] realizar en su vida? ¿Es el tipo de metas pe[rsonales]

conceptos de la inteligencia emocional contribuyen entre sí para formarse y sostenerse. Sin importar en qué parte del espectro de su CE se encuentre, es mejor empezar desde las mismas bases e ir trazando su camino hacia arriba.

Elena tenía una pobre autoconsciencia, lo que le hacía más difícil el manejar sus relaciones, empatizar, entablar relaciones sociales o manejarse a sí misma. A pesar de esto, mejorar sólo un aspecto no hace que los demás lo hagan también. Es un proceso colectivo que continúa desarrollándose sobre sí mismo hasta que toda su química cerebral es esencialmente alterada.

Durante el proceso de aumentar su CE, lo más probable es que las personas empiecen a notar cambios. Así como le sucedió a Elena, usted empezará a recibir retroalimentación.

Los demás empezarán a hacer comentarios sobre que han notado su humor o actitud diferente. También, puede que lleguen a decirle que parece comportarse de manera más social o relajada alrededor de otras personas.

· · ·

Si tiene un esposo o una esposa, familia o una pareja de largo plazo, también notarán los cambios en su personalidad.

Las respuestas que estas últimas personas le den son importantes y podrían ser los ánimos que necesite para continuar con su transformación.

Mientras que los individuos más cercanos a usted empezarán a notar el progreso que realiza, hay una muy alta probabilidad de que las relaciones que mantiene con ellos y ellas también mejoren. Será capaz de mantener una conexión más positiva con su familia, y reparar cualquier daño que haya hecho con el paso de los años. También, logrará reconectar con viejas amistades y fortalecerá sus lazos para formar una red de apoyo con ellos. En su trabajo, entablará un trato más amigable y cercano con sus compañeros, compañeras y superiores. Incluso puede que empiece a sentirse como parte de un equipo.

Si tiene una pareja o está casado o casada, lo más probable es que empiece a notar que el manejo de las peleas, la falta de comunicación y los malentendidos se vuelve mucho más fácil. Al ser capaz de regular sus propias emociones, pero también de leer su lenguaje corporal y emociones, tendrá el potencial de disipar la gravedad de las situaciones o sobrellevarlas de tal manera que tanto usted como la otra persona estén satisfechas con la conclusión.

Por mucho que a los demás les guste pensar lo contrario, las relaciones románticas toman mucho trabajo y esfuerzo. Ninguna conexión es perfecta y esto es porque cada persona es un individuo. Cuando tiene un compañero o compañera de largo plazo, o vive con alguien por mucho tiempo, la tensión y el potencial de una ruptura puede incrementar con el paso de los años. Tal vez es esto por lo que se vuelve más fácil tener peleas contraproducentes: hay más cosas en riesgo. De cualquier manera, el CE es su camino hacia el mantener una relación romántica sana, estable y fuerte.

Vale la pena mencionar que el mejorarse a sí mismo o misma es un trabajo difícil. Tendrá que empezar con la consciencia de sí, y esta es la parte con la que las personas lidian más. Ver sus propios defectos o en dónde tiene un puntaje menor de CE no es tan divertido. La mayoría de los individuos evitan esta reflexión porque saben que no les gustará lo que verán. Puede que usted ya sospeche que no será agradable lo que encontrará, ¿por qué, si no, estaría leyendo un libro de autoayuda?

. . .

Sea gentil consigo. Las personas con un CE bajo en general no han sido inculcadas con las habilidades requeridas para una socialización, interacción y manejo de emociones apropiadas. Como la mayoría de las destrezas, tienen que enseñarse, aprenderse y practicarse. Si nunca ha tenido la educación correcta para este propósito, entonces no es su culpa en realidad.

Por lo tanto, recuerde que, sin importar lo que le haya hecho falta en su pasado, ahora usted está tomando la iniciativa para cambiar su futuro.

También, debería tener en cuenta de que elevar su Coeficiente Emocional también conlleva un compromiso de su parte. No es un proceso que se acabe en una sola noche y que de inmediato arregla todos sus problemas. Toma tiempo y esfuerzo. Habrá días en donde le será difícil o frustrante mantenerse apegado o apegada a sus metas. Se espera que tener expectativas de todo lo que involucra este proceso, le ayudará a reducir la desilusión cuando esta surja.

Usted deberá dedicarse por completo a las prácticas. Está en sus manos el mantener una rutina y repetir aquellas estrategias que se le otorgarán. Su cerebro podrá reaprender cómo pensar y cómo reaccionar, pero debe ser un esfuerzo consciente que esté lleno de repeticiones. El leer sobre los métodos no es suficiente. Tiene que volverlos parte de su vida diaria, pero esto es algo que sólo usted puede lograr.

Ahora, hágase la promesa de que no se rendirá, de que se dedicará a aumentar sus niveles de CE y elegir un futuro mejor y lleno de más éxitos para sí mismo o misma. Dígase esto, créalo con sinceridad y, posteriormente, póngalo en práctica.

4

Tome los primeros pasos de su viaje

Estrategias para mejorar la autoconsciencia

Debido a que sus emociones se manifiestan más rápido que los pensamientos racionales, si no está al pendiente de ellas y no sabe cómo responder a su presencia, entonces terminarán controlándole. Esto no siempre es algo malo. Sin embargo, si sus respuestas emocionales causan discordia en su vida, entonces el conocerlas es el primer paso para que regresen a estar bajo su control. ¿Cuáles son algunas reacciones incontenibles?

El enojo explosivo es una de las más comunes y extremas.

. . .

Cuando las personas piensan en emociones que se les dificulta controlar, la furia es, usualmente, la primera que se les viene a la mente. Sin embargo, esta no es la única.

El duelo y la tristeza pueden convertirse en emociones abrumadoras y perjudiciales que le podrían ocasionar depresión y la inhabilidad de seguir adelante con su vida.

Incluso una emoción tan agradable como la felicidad puede resultar en reacciones exageradas. Tal vez haya conocido o sido alguien que tiene una alegría muy intensa; esta puede llegar a tal nivel que ocasiona que las demás personas a su alrededor se sientan exasperadas e incómodas en su presencia.

Conocer y entender cómo se manifiestan sus emociones y la manera en que le impactan a usted y a los demás individuos que le acompañan es el primer paso de la autoconsciencia.

Los siguientes métodos y estrategias le ayudarán a incrementar su nivel de esta habilidad para mejorar su CE.

<u>Deje de considerar sus emociones como buenas o malas</u>

Cómo Enfrentar tus Emociones más Difíciles y Temibles

. . .

Uno de los prejuicios que incumben a las emociones es que se dividen en dos grupos: las buenas y las malas. Pero esto es falso. Cada una de ellas han evolucionado como parte de quiénes son y de qué están hechos los seres humanos desde hace miles de años; así, en realidad cada una tiene un propósito dentro de la sociedad y las interacciones sociales.

Sus emociones pueden ayudarle a mantenerse alerta durante el peligro y asistirle en ocasiones donde su supervivencia sea necesaria.

Si bien puede que no parezca que necesite enterarse sobre situaciones dañinas con regularidad, la realidad de la situación es que sus emociones tienen un objetivo. Este es uno que usted necesita trabajar para entender mejor. Mientras tanto, es importante que empiece a establecer una relación sana con cada una de ellas.

Algunos de los sentimientos que tienen los estigmas más severos y son los más criticados tanto interna como externamente son el enojo y el duelo. Muchas culturas ven al primero como una emoción negativa que debería ser reprimido. Anteriormente, se mencionó porque suprimirse y contenerse le hace más daño que bien.

. . .

Por otro lado, el duelo es también mal visto por la desventaja que supone. Más allá de estas nociones, hay sesgos de género en cuanto a la manera de sobrellevarlo que indican que los hombres que lo sienten o expresan son débiles o, de alguna manera, menos masculinos.

Además, si alguien no se recupera de un periodo de luto en un margen de tiempo "aceptable", las personas a su alrededor, sus compañeros y compañeras, amistades y miembros de la familia empezarán a demostrar menos apoyo y comprensión, incluso llegando a criticar al individuo por no poder simplemente "superarlo".

Si bien usted nunca será capaz de controlar lo que otras personas hacen, puede empezar a lograr un cambio al dejar ir estas nociones preconcebidas de las emociones buenas y malas. La realidad es que todas, cada una de ellas, son necesarias. Ninguna es mejor o peor que las demás. Es hora de que se libere de estos pensamientos limitantes y perjudiciales que le impiden sentir de la manera apropiada.

. . .

Este es uno de los primeros, pero también uno de los más difíciles, cambios que necesitará realizar para alcanzar la autoconsciencia. Cuando se le adjudica la etiqueta de "buena" o "mala" a sus emociones, sin pensarlo, su mente empezará a resistirse a estas últimas. Esto puede ser a través de evitarlas, negarlas por completo o por cualquier otro método que intente protegerle de sentirlas en primer lugar.

Desafortunadamente, este tipo de "defensa" forzada no resulta en la erradicación de estas emociones de la química de su cuerpo.

Otórguese poder a sí mismo o misma al volverse un aliado o aliada de sus emociones.

Toma mucho esfuerzo el recordarse todos los días que sus emociones no son ni buenas ni malas y que son parte necesaria de quien usted es. Recuerde, ellas evolucionaron como parte de la humanidad, lo que significa que cada vez que experimente alguna, esta tiene algo que decirle.

Si le ayuda, déjese notas en su puerta de entrada, refrigerador, espejo o cualquier otro lugar en donde las vea todos los días. Escríbase un recordatorio personal de que las emociones no son "buenas" o "malas" en sí. El tener esto presente de manera constante le ayudará a dejar ir a los prejuicios que tanto tiempo ha mantenido sobre ellas, lo que le otorga la habilidad de empezar a escuchar lo que les están intentando decir. Cuando las reconoce como partes importantes y necesarias, su mente no acudirá por defecto a la supresión, evasión o negación y, así, hará que sus emociones trabajen para usted, no al revés.

Practique navegar en la incomodidad

Más veces de las que no, las emociones se manifestarán físicamente en su cuerpo. Si siente ansiedad, sus músculos podrían tensarse y las palmas de sus manos empezarían a sudar. Si está feliz, sonreirá e incluso llegará a lanzar carcajadas. La tristeza puede ocasionar respiraciones pesadas y lágrimas.

Estas son algunas de las maneras en que sus emociones se comunican con usted; manipulan las respuestas corporales para decirle exactamente lo que está sintiendo.

. . .

La mayoría de estas ocasiones, dichas expresiones físicas pueden causar varios niveles de incomodidad, en especial cuando está en un entorno público; e incluso cuando está por su cuenta o en la compañía de un limitado número de personas, puede que sus fuertes reacciones emocionales le hagan sentir vergüenza. Pero ¿de dónde viene esta sensación? Una gran porción viene de las asociaciones sociales y culturales sobre los sentimientos. Gracias a ellas, las personas aprenden, desde una edad muy temprana, lo que los demás perciben como "aceptable" o "inaceptable" en cuanto a lo que tienen permitido expresar.

Dependiendo de la familia en la que usted haya crecido, incluso puede que existan ciertas concepciones familiares que le fueron impuestas a usted y a sus sentimientos. Esta inquietud que le domina a veces normalmente se origina de la vergüenza o cualquier otra implicación "negativa". Una vez que sea capaz de aceptar y creer en verdad que las emociones no son ni buenas ni malas, podrá permitirse sentir las cosas tal como su cuerpo las manifiesta.

Incluso si el resultado es incómodo, con el tiempo querrá experimentarlo sin ningún tipo de prejuicios interviniendo de ser posible.

Mientras va sintiendo lo que su cuerpo está atravesando, entonces empezará a asociar estas respuestas específicas con las emociones que las detonan en primer lugar. Es cierto que todas las personas sienten sus emociones de diversas maneras, pero hay algunas respuestas físicas en común que, los investigadores han observado, se experimentan casi a nivel universal cuando incumben a las seis emociones nucleares mencionadas en el primer capítulo.

Por lo tanto, al ir identificando las reacciones que su cuerpo tiene en relación con ciertas emociones en específico, podrá empezar a entender lo que estas están intentando decirle. También, puede usar este conocimiento para poder precisar lo que está sintiendo y cuál es el detonante o el origen de dicha respuesta emocional. Sin embargo, no olvide que es necesaria mucha práctica para dominar a sus emociones y entender cómo se manifiestan físicamente.

Recuerde que el mal humor es temporal

Los desánimos y corajes van y vienen. Esto puede parecer un conocimiento común, pero es importante recordarlo en su proceso de autoconsciencia. A veces, usted sólo está de mal humor, nada más, y no siempre puede determinar la razón. Puede que esto le desespere al intentar buscar justificaciones que expliquen la disposición de su humor.

. . .

Sin embargo, los estados de ánimo son complicados y la mayoría de las veces no van ligados a ningún evento o experiencia. Eventos como una celebración de aniversario, el cumpleaños de alguien, un sueño que tuvo la noche anterior, un evento abrupto e inesperado en el libro que está leyendo o en el programa que está viendo pueden ponerle de cierto tipo de humor. Cuando uno malo surge, usualmente es el resultado de una culminación de eventos o sentimientos que han alcanzado su punto de quiebra.

¿Alguna vez ha sentido algo de una manera tan desagradable e intensa que le dificulta el enfocarse en su trabajo? Tal vez esto haga sentir enojado o enojada con su pareja o con sus hijos. Estos malos humores pueden crear una cantidad significativa de inquietud en su vida diaria, incluso cuando el ánimo en sí es breve y fugaz. Puede llegar a decir o hacer cosas bajo su influencia que podrían lastimar a otras personas o crear tensión entre usted y sus similares y compañeros de trabajo. Estas reacciones no son algo que usted sienta necesariamente, pero cuando surgen de forma súbita, pueden dominar el resto de su día.

. . .

Lo importante a recordar en cuanto al mal humor es que, sin importar cuál sea su razón, ya ha sucedido antes. Mientras continúa con su rutina, intente recordar que las personas con las que se encuentra e interactúa no son la causa de que se sienta así. Puede ayudarle a limitar cualquier reacción emocional innecesaria que podría ser dañino para usted o para los demás.

Las buenas noticias es que los malos humores no son duraderos, sino que fluctúan con el tiempo. Este es otro reconocimiento que le ayudará a mantener algún grado de control emocional durante uno de estos periodos. Debido a que las emociones no son racionales, usted tiene que decirse a sí mismo o misma que use la lógica cuando se trata de sentirse así. Aprender a separar sus pensamientos y sus acciones de un estado de ánimo desfavorable puede ser increíblemente difícil. Toma mucho tiempo hasta que su mente sea capaz de hacer este tipo de distinción.

Sin embargo, una vez que domine la separación entre su mal humor y sus pensamientos y acciones lógicas, entonces podrá atravesar uno de estos primeros sin permitir que influya el resto de su día. Recuerde: son temporales. Saber y entender este hecho le ayudará a visualizar la diferencia entre dicho percance momentáneo y su habilidad de llevar a cabo sus actividades diarias de manera más nítida, sin que su humor sea un factor influyente.

Preste atención a la forma en que su humor afecta a otras personas

Una vez que esté al tanto de sus emociones y cómo responde a estas, otro paso importante a dar para alcanzar la autoconciencia es descubrir cómo su humor afecta a los demás. Esto seguirá siendo una parte del crecimiento de su CE, en especial con la sensibilización social y el manejo de sus relaciones. Por ahora, usted deberá empezar a una escala menor. Si no puede decir con precisión cómo es que alguien reacciona a sus respuestas emocionales, lo mejor que puede hacer es preguntar.

Claro, este método puede que no funcione de la mejor manera con completos desconocidos e interacciones casuales. Por otro lado, con sus amistades, miembros de familia, compañeros y compañeras de trabajo y su pareja, puede tener este tipo de conversaciones y preguntarles sus opiniones en cuanto a lo que sus reacciones emocionales le hacen sentir o cómo le afectan.

• • •

Este ejercicio no se hace con la intención de desatar problemas en sus relaciones, por lo que deberá buscar un momento apropiado, no a la mitad de una pelea acalorada o una conversación preocupante, para sacar el tema a la luz.

Sin embargo, si estas personas están conscientes de su misión para mejorar su Coeficiente Intelectual, entonces puede que se encuentren anticipando este tipo de cuestiones y su necesidad de recibir retroalimentación. Antes de que empiece en verdad, puede hacerle saber a los demás que este es un plan propio y, así, señalar a los que estén dispuestos o dispuestas a hacerle comentarios constructivos para que pueda cambiarse a sí mismo o misma.

Podría sorprenderle el nivel de voluntad que las personas en su vida tienen para ayudarle cuando ha hecho el compromiso de lograr este tipo de cambio. A pesar de esto, tome en cuenta que no puede forzar el tema con alguien que no esté cómodo o cómoda o se resista a la idea.

Cuando indaga sobre la forma en que sus interacciones emocionales impactan a los demás, es importante que esté dispuesto o dispuesta a recibir observaciones de todo tipo.

Honestamente, puede que no le gusten todas las que recibe.

Incluso entonces, puede que al final le resulte benéfico tomar nota sobre los comentarios que las personas le dan para que tenga puntos de referencia disponibles para cuando empiece las prácticas y estrategias necesarias para alcanzar la consciencia social.

Saber cómo afecta a las personas a su alrededor no solo es un aspecto de la conciencia social, sino también parte importante de la autoconciencia, pues sigue uno de sus principios: conocer y entender el impacto que logra en los ajenos.

<u>Siga su curiosidad y descubra qué y quién desata sus emociones</u>

Antes de que pueda continuar más allá de la mejora de su autoconsciencia, primero tendrá que reconocer qué le hace sentir de una manera en específico. Básicamente, usted estará analizando sus detonantes emocionales. Cuando sepa qué trae a la luz ciertos sentimientos y reacciones, entonces podrá prepararse para situaciones futuras basadas en este conocimiento y comprensión.

A continuación, se le presentarán una serie de factores a buscar que le ayudarán a desglosar sus reacciones emocionales hasta llegar al núcleo de por qué respondió de una manera en especial. Esta es una herramienta para la reflexión. Después de cualquier evento o circunstancia, regrese a estas preguntas y respóndalas todas.

Evento

¿Cuál es el origen?
    ¿Qué sucedió?
    ¿Dónde estaba usted?
    ¿Alguien más se involucró? ¿Quién?

Sentimientos

¿Qué emociones experimentó?

Pensamientos negativos

¿Qué estaba pensando?

¿Por qué estaba pensando estas cosas?

Al empezar con el suceso, usted querrá dividirlo en lo que pasó exactamente, quién participó en ello, y dónde se encontraba usted durante todo. Al hacer este análisis, podrá ver si hay alguna pieza que puede identificar de primera mano como un detonante, ya sea un alguien o un algo que haya contribuido a su reacción emocional.

Si no lo logra, está bien. Es por eso por lo que es un proceso de tres pasos. En este punto de su viaje hacia la autoconsciencia, usted debería estar familiarizado o familiarizada con sus emociones y lo que sintió alguna vez basándose en sus respuestas y reacciones personales. Por lo tanto, tómese el tiempo de estudiar qué emociones le dominaron durante este evento o situación.

También querrá analizar sus patrones de pensamiento; deberá considerar de qué manera sus pensamientos difieren cuando son alimentados por sus sentimientos en contraste a cuando están basados en la lógica.

. . .

Una de sus metas para lograr aumentar su CE es entrenar a su mente para que actúe de manera racional antes de reaccionar de forma emocional, a pesar de su programación innata para actuar de modo opuesto. Si usted puede reflexionar sobre cuáles fueron sus pensamientos durante un suceso emocional, entonces también puede tomarse un momento para considerar cómo pudo haber obtenido un resultado diferente si la racionalidad hubiera sido un factor activo durante todo.

Deconstruir sus emociones y sus respectivas respuestas no siempre es fácil después del hecho. A la mente le gusta intentar compensar por sus errores e inventarse excusas. Es por esto por lo que es importante que supere aquella forma de pensar sobre sus emociones como buenas o malas, sí como que esté dispuesto o dispuesta a recibir retroalimentación y críticas antes de que llegue a este punto. Usted querrá ser capaz de reflexionar sobre lo que sucedió de forma tan honesta como sea posible. Sólo entonces podrá identificar sus detonantes emocionales. Prepararse para las situaciones futuras donde sabe que encontrará uno de estos últimos es un paso más hacia el incremento de su Coeficiente Emocional.

. . .

Con suficiente tiempo y práctica, no necesitará tanta preparación previa.

Su mente se adentrará hacia una reacción lógica establecida y natural en vez de acudir a la respuesta más emocional.

<u>Tenga un diario de emociones</u>

Una excelente herramienta que puede ser usada para reflexión, observación y una revisión objetiva y personal es un diario en el que registre todo su viaje emocional. Usted debería tomarse un tiempo todos los días para escribir en su propio espacio en específico sobre sus sentimientos y las respuestas que desatan. Más allá de las preguntas que se le ofrecieron en el apartado anterior, esta bitácora también puede ayudarle a identificar detonantes, nombrar emociones y saber cómo reacciona gracias a varias de estas últimas en específico. Tome nota no sólo de sus propias experiencias internas, sino también de las externas y físicas. Le ayudará a relacionar de manera más concisa actos en específico con sus respectivos sentimientos.

· · ·

A través de la toma de nota sobre lo que vive, le será más fácil tomarse el tiempo de entender qué emociones y detonantes le desaniman o no le benefician en general. También, será capaz de determinar cuáles de estos hacen lo contrario y mejoran su humor. Además, podrá identificar provocaciones exactas en la forma de personas, eventos, situaciones y cualquier otro tipo de detalle que puede que se le escape cuando sólo está intentando pensar sobre lo que sucedió sin un punto de referencia.

Gracias a la escritura, logrará alcanzar una mejor manera de reflexionar sobre los eventos de su pasado.

Debido a que la autorreflexión puede ser uno de los tipos más difíciles del crecimiento personal, tenerlo en blanco y negro, escrito en papel, le ayudará a tener un mejor entendimiento de sus fortalezas y debilidades, en especial en lo que incumbe su propia consciencia emocional y los detonadores de sus sentimientos.

Usted puede usar este diario para preguntar y responder la pregunta "¿Qué tanto afectan mis emociones a mi rutina normal?". Saber esta información es importante porque usted querrá ser capaz de ver las diferencias y los cambios en su vida diaria mientras se vuelve más hábil en el control de sus sentimientos y de su autoconsciencia.

· · ·

Podrá reflexionar sobre lo que plasma en su propia escritura para determinar cómo es que sus humores impactan su proceso para tomar decisiones y sus patrones de pensamiento. Hay que siempre estar trabajando para alcanzar la meta de separar sus respuestas emocionales de las racionales, entender cómo y cuándo sus estados de ánimo afectan los demás procesos será un aspecto clave para realizar dicha diferenciación.

Este diario emocional también será un buen lugar para tomar nota sobre la retroalimentación que recibe cuando les pregunte a las demás personas cómo les afectan sus respuestas emocionales. Si escribe exactamente lo que dicen, entonces podrá volver a acudir a sus notas y ver qué respuestas desataron reacciones en los individuos a su alrededor. Esta concientización también le puede ayudar a descubrir sus propios detonantes emocionales.

Otro aspecto de la autoconciencia que le será de ayuda, y se relaciona con el punto anterior, es tomar nota de los sentimientos que usted tiene cuando se adentra a una confrontación. Incluso si esta última es instigada por usted, en relación con el tema de solicitar comentarios, todavía querrá tener en cuenta qué emociones le despierta. Tener estas cosas escritas, sea en un diario de papel, una libreta simple o incluso en digital, no solo le dará una herramienta para reflexionar sobre cómo mejorar su CE, sino que también le dará un registro de su progreso.

Ver cuánto ha cambiado o mejorado con el paso del tiempo es un gran motivador para que usted siga adelante.

<u>Evalúe qué tan bien está cumpliendo sus propios valores</u>

En lo que conlleva la autoconciencia y el ser honesto consigo mismo o misma, usted tendrá que echar un vistazo a sus valores y creencias. Ambos son importantes porque están ligados directamente a las metas que quiere lograr para alcanzar el éxito. Ya que todo el mundo es diferente, lo más probable es que sus propósitos y aspiraciones sean diferentes a lo que otras personas esperan realizar para aumentar su CE. Para mantener un registro escrito de estos, así como la manera en que se relacionan con sus metas, utilice las siguientes guías:

Valores y creencias nucleares.

. . .

Cualquier cosa que haya dicho o hecho recientemente que vaya en contra de los anteriores.

Una vez que tenga los primeros anotados, continúe con la segunda parte y considere qué han sucedido recientemente en las que usted fue partícipe que no se alinean con las anteriores. De esta manera, usted será capaz de ver en realidad cómo es que sus emociones impactan sus pensamientos y acciones de forma irracional.

Sus valores y creencias nucleares estarán basadas en la lógica y la racionalidad. Estos coinciden con sus deseos y objetivos.

Sin embargo, cuando ve a los pensamientos y las acciones que no coinciden con estos principios, usted estará frente a respuestas emocionales que fueron producidas sin que interviniera una idea racional.

Al ver las diferencias presentes en la compleción de sus guías o las contradicciones que se manifiestan entre la lógica y la emoción, usted tendrá una percepción más profunda sobre el impacto que los sentimientos tienen en su vida y en su incapacidad de lograr sus metas. Empiece pequeño con esta herramienta, apegándose únicamente a los valores y creencias más importantes. Luego, vuélvala a hacer, pero ahora anotando lo que quiere lograr y las cosas que quiere alcanzar, y luego compare lo que ha estado diciendo o haciendo que vaya en contra de este deseo.

Mientras más analice estas contradicciones, será capaz de ver con más claridad lo que le está frenando emocionalmente. Tendrá una lista de pensamientos y acciones que pueden ser adjudicados a las emociones y sus detonantes previamente analizadas. Esta herramienta le permitirá liberarse de todo aquello que le prevé alcanzar todo lo que quiere cumplir. Tener esta habilidad aumenta su autoconsciencia y también eleva su Coeficiente Emocional un poco más. Todas estas herramientas y habilidades le ayudarán mientras se traslada hacia el automanejo, la conciencia social y la administración de sus relaciones.

Busque retroalimentación

. . .

Así como aprender cómo sus respuestas emocionales afectan a otras personas, también debería acercarse a sus amigos, compañeros de trabajo, miembros de familia y otros individuos cercanos y cercanas a usted para pedirle retroalimentación. Para que esto funcione, en primer lugar, tendrá que estar dispuesto o dispuesta a recibirla y a aceptar lo que sea que le digan y lo que aprenda.

Ya que ha estado reflexionando sobre su persona y ha sido honesto u honesta sobre sus propias fallas, así como lo que necesita mejorar en su persona, este último factor debería serle fácil de concebir.

Cuando pide este tipo de comentarios, usted querrá ser lo más específico o específica posible. Necesita saber los detalles porque, cuando los escriba en su diario, los usará para comparar las similitudes. Estas últimas le darán la inspiración suficiente para continuar y para seguir encontrando áreas que necesite mejorar. Hay una gran diferencia entre cómo usted se ve a sí mismo o misma y cómo otras personas le ven. Si bien es cierto que no puede ser responsable de las percepciones y reacciones ajenas, también es verdad que debe adjudicarse el crédito de cómo sus acciones impactan a los demás.

· · ·

Esta última responsabilidad viene en forma de empatía. Su conciencia le ayudará a nutrir esta última. Será capaz de practicar diversos cambios en la manera en que reacciona alrededor de ciertas personas basándose en sus retroalimentaciones. Este es uno de los primeros pasos para aprender a cómo interpretar las emociones ajenas. Es una buena idea el tomar nota de los comentarios que reciba de manera organizada para que también le permita ver quién le dijo qué, algo que le será útil más adelante cuando empiece a analizar el lenguaje corporal de otras personas.

Tener un CE alto también se trata de saber cómo y cuándo puede y debe cambiar su propio comportamiento para impactar a la sociedad a su alrededor. Las observaciones que reciba le servirán como un punto de partida. Al principio, le ayudarán a medir su progreso y comprender mejor en dónde necesita realizar más esfuerzo. También querrá reflexionar sobre estas ideas ajenas para notar cómo cambian con el paso del tiempo. Le sorprendería descubrir cómo esto sucede mientras aumenta su propia autoconsciencia.

Por lo tanto, incluso cuando trabaja en sí mismo o misma y esta última habilidad, se está preparando para extender estas destrezas y conocimientos hacia las personas con las que interactúa, lo que marcará una gran diferencia en el puntaje de su CE.

Haga un esfuerzo por entenderse bajo situaciones de estrés

El estrés es una emoción natural y común que todo el mundo siente y experimenta. La mayoría no puede pasar ni un solo día sin sentir al menos un poco de estrés y/o ansiedad. Estas son emociones de supervivencia. Cuando su cuerpo las siente, en verdad está intentando decirle algo; sus manifestaciones físicas pueden ser leves o severas.

Esta puede ser una pérdida de la concentración, músculos tensos e irritabilidad. Síntomas más extremos incluyen insomnio, pérdida del apetito, enfermedades físicas y, en casos aún más graves, caída de cabello y aumento de peso.

Si no se atiende, el estrés podría dejar al cuerpo incapacitado. Debido a que esta emoción se manifiesta a través de diversos síntomas, y gracias a que muchas culturas y sociedades están basadas en la creación de ambientes estresantes, suele ser descartada como la causa de estas situaciones o no ser considerada en primer lugar.

. . .

Debido a que el estrés es una emoción común, una que tiene efectos potencialmente debilitantes, es buena idea identificar lo que usted experimenta bajo su influencia.

Entienda a su cuerpo durante estos periodos y las situaciones que le parezcan particularmente arduas que los ocasionan.

Con su diario, empiece a compilar una lista de rasgos y respuestas que usted reconoce como estresantes y, posteriormente, tómese un momento para empezar a identificar los eventos y las acciones que los desatan.

Estar al tanto de lo que viene antes y después de esta emoción y la manera en que se presenta le ayudará a prevenirla y a saber cómo manejarla cuando surja; lo último podrá parecerle particularmente difícil y a veces llegará a consumirle mucho tiempo. Esto es verdadero en especial para las personas que no saben lo que lo causa, no pueden admitir que están estresados o estresadas o se encuentran en un estado perpetuo de la emoción y no se dan cuenta.

. . .

¿Alguna vez ha explotado con alguien por algo pequeño e insignificante porque le tocó estar en el lugar incorrecto a la hora incorrecta? Lo más probable es que eso haya sido su estrés manifestándose. ¿Alguna vez ha estado en el lado receptor de esta respuesta por parte de alguien más, en donde sintió que su reacción fue injusta considerando lo que hizo? Esto pudo haber sido el estrés ajeno desbordándose.

Debido a que esta emoción puede detonar respuestas emocionales que son exageradas al máximo, intensas y que usualmente resultan en irritabilidad y explosiones de ira, usted necesita saber sobre la manera en que se desenvuelve dentro y fuera de su persona mientras avanza hacia la meta de incrementar su CE.

Al ir aprendiendo sobre las señales y los signos que anuncian su presencia, usted querrá empezar a practicar las técnicas para manejarlo. Esto le ayudará a acudir por defecto al alivio de la emoción en vez de dejar que siga aumentando hasta estallar.

Estas técnicas serán elaboradas con mayor lujo de detalle en secciones futuras. Sin embargo, a continuación, se le presentan algunas con las que puede empezar cuando se percate de lo que está empezando: tome respiraciones lentas y profundas con sus ojos cerrados, lo que le ayudará a su mente y cuerpo relajarse por completo. Contar hasta diez de una manera pausada y metódica también puede reducir significativamente sus niveles. Si descubre que usted es particularmente propenso o propensa a sentirlo, puede que quiera intentar practicar meditación o tomar té de manzanilla para ayudarle a retornar a un estado tranquilo antes de que sus emociones se desborden.

Estrategias para mejorar su automanejo

Puede que, a este punto, ya se sienta más cómodo o cómoda y consciente tan sólo con haber leído las secciones anteriores. Aun así, todavía querrá practicar dichas estrategias hasta que se vuelvan parte de su naturaleza. Incluso cuando está trabajando en esta autopercepción, puede empezar a mejorar sus niveles de autocontrol a la par.

Este siguiente apartado se enfocará en cómo no limitarse a estar al tanto de sus emociones cuando se detiene a estudiar su pasado, sino también saber qué es lo que siente al momento y cómo manejar sus interacciones y reacciones.

. . .

Estrategias prácticas

Una de las primeras es desafiar sus pensamientos. Cuando hace esto, la meta es descubrir cuáles de los propios detonan reacciones emocionales extremas. De manera similar a los estímulos externos, los internos, que la mayoría de las veces toman forma de ideas, también pueden causar reacciones en sus sentimientos. Pensar en un recuerdo o en un evento, e incluso en sí mismo o misma o en otras personas puede despertarlos. Los juicios de autodesprecio también son particularmente buenos desatando emociones no deseadas.

En vez de sucumbir a estos últimos, lo que puede hacer es detenerse un momento a racionalizar y desafiarlos.

Así, el siguiente ejercicio consistirá en hacer una tabla donde delimitará cinco secciones; en la primera, anotará el evento en específico que detonó todo, en la siguiente los sentimientos que le acompañaron como resultado de los sucesos, luego los pensamientos negativos que surgieron sobre sí mismo o misma, las personas involucradas o de la experiencia en sí.

Necesitará tener un dominio decente de su autoconsciencia para completar esta tabla. En la siguiente columna, escriba algunas ideas alternativas que podría haber tenido que no sean pesimistas. Tras analizar estos últimos, considere de qué manera sus sentimientos cambiaron en cuanto a lo que sucedió. Estos serán sus "resultados".

Practicar este tipo de manejo de juicios amables toma tiempo para desarrollar la destreza hasta su máximo potencial. Intente realizar este ejercicio al menos una vez al día para ayudarse a entender mejor cómo sus pensamientos pueden influir en sus emociones. Mientras más lo haga, le será más fácil identificar el tipo de intenciones que quiere tener para que así pueda reducir la negatividad asociada con dichos eventos y sentimientos. Lo que hace la tabla es demostrar las interconexiones que existen entre estos dos últimos. Si es capaz de manejar lo que su mente asocia con ciertas reacciones, entonces literalmente podrá cambiar cómo le impactan a usted y a las personas a su alrededor.

Este es un importante ejercicio de automanejo. Solicita un poco más de participación de su parte y mucho más tiempo que cualquier otro método en esta sección. Sin embargo, si lo practica un momento cada día, empezará a ver los cambios en su persona sobre el tipo de ideas que sus emociones producen.

. . .

La segunda práctica es tomar respiraciones profundas. Uno de los síntomas del estrés que se mencionaron al final de la sección anterior era la agitación y jadeos; estos inhiben el funcionamiento del cerebro. El oxígeno no circula de manera apropiada. ¿Alguna vez ha notado cómo siente la cabeza ligera cuando empieza a hiperventilar? Esto es porque está inhalando y exhalando el aire a un ritmo demasiado rápido para que el cuerpo lo procese. Por lo tanto, el cerebro no obtiene el impulso que necesita para racionalizar los pensamientos y sus funciones.

Este tipo de respiración agitada provoca que el cerebro se ralentice, lo que no es óptimo para manejarse a sí mismo o misma y sus emociones. Un ritmo respiratorio pobre en general puede tener efectos a largo plazo en su cuerpo y mente. Es por esto por lo que hacerlo profundamente es una parte integral de muchos ejercicios de meditación, como el yoga y el tai chi; todas incorporan un aspecto que enfatiza la importancia de cómo el aire está diseñado para energizar, revitalizar y rejuvenecer todo su ser. Muchas de estas prácticas han sido usadas por miles de años, en específico para combatir el estrés.

. . .

A través de la autoconsciencia, usted irá descubriendo lo que desata esta última emoción. Sin embargo, al enseñarse a tomar respiraciones profundas en automático, será capaz de limitar la cantidad que su cuerpo puede llegar a sentir. La belleza de este ejercicio es que no tiene que estar bajo la influencia de este incómodo sentimiento para hacerlo.

Si puede, intente tomarse diez minutos al día para practicar.

En un asiento o de pie, enderece la espalda y saque el pecho.

Inhale lento y profundo mientras cuenta mentalmente hasta cuatro. Aguante esa respiración dentro de sus pulmones otros cuatro segundos. Cuando exhale, hágalo con tranquilidad y de manera pausada mientras cuenta hasta ocho.

Repita este patrón durante diez minutos.

Otro ejercicio similar que ayuda con la reducción y el manejo del estrés es contar hasta diez tomando respiraciones profundas entre cada número. El propósito de este ejercicio es darle espacio a su mente racional para que exista en un plano separado de sus emociones. También le sirve como herramienta para desechar de su cerebro cualquier pensamiento que esté influenciado por sus sentimientos para que, así, la lógica tome el control.

¿Alguna vez ha escuchado sobre el consejo de que, si está enojado, debe contar hasta diez? Este es un método común no sólo para manejar esta emoción, sino también el estrés y cualquier otra situación intensa.

Sin embargo, el agregarle las respiraciones profundas es lo que le da la ventaja a este ejercicio en vez del simple conteo, pues hace que el aire vital se mueva a través de su sistema, lo que hace que el oxígeno llegue a su cerebro para un óptimo funcionamiento.

Así, empiece este ejercicio al decir mental o verbalmente el número uno. Continúe con una inhalación lenta y profunda y una exhalación pesada y tranquila. Siga con el número dos. Repita dicha secuencia con una gran respiración entre cada cifra hasta llegar al diez; posterior a esto, concluya el ejercicio con una última aspiración. Puede que considere más benéfico cerrar los ojos mientras hace esto. Remover los estímulos visuales puede serles de ayuda a sus pensamientos y emociones para relajarse aún más.

. . .

Uno de los beneficios de usar esta técnica, en especial cuando está irritado o irritada, furioso o furiosa o simplemente con mucha presión sobre sus hombros, es que evoca sus pensamientos e ideas racionales. Sus emociones son mandadas tras bambalinas de tal manera que dejan de ser protagonistas. Este es un buen ejercicio si usted percibe que su estrés está subiendo de grado o si se cruza con alguno de sus detonantes emocionales. Antes de que tenga tiempo de reaccionar, cierre sus ojos y empiece la secuencia.

No sólo le ayuda a salir de una situación potencialmente incómoda o explosiva, sino que también le ayuda a enseñarle a su cerebro que el pensamiento racional debería preceder a las reacciones emocionales. A través de la práctica y la perseverancia, su mente podrá responder de esa manera sin que se lo diga.

Busque ayuda

Durante su viaje de realización personal, es una buena idea buscar la asistencia de un profesional, un experto o alguien en su vida que usted sepa que tiene habilidad al momento de manejar sus propias emociones. El o la primera podría ser alguien que haya escrito sobre la inteligencia emocional, alguien que haya estudiado psicología y los sentimientos y aplique esto a su trabajo, o incluso un terapeuta que ha tomado entrenamiento de prácticas de meditación y temas similares.

Un experto o experta no necesita estar involucrado o involucrada profesionalmente en un campo de estudio sobre los sentimientos, pero puede ser alguien que usted conozca y que haya estudiado el cerebro humano durante la universidad. Tal vez sabe de una persona que ha investigado esta disciplina junto con la salud emocional y mental para su propio beneficio o para ayudar a otro individuo con quien tenga una relación cercana.

Lo más probable es que haya alguien en su vida que demuestre destreza al momento de controlar sus propios sentimientos. Lo ha notado cuando interactúa con él o ella.

Puede que incluso sea más obvio ahora que sabe todo lo que ha aprendido en este libro.

. . .

Cualquier camino que usted decida tomar, forme una conexión con una persona que tenga un profundo conocimiento en el tema de la inteligencia emocional ya sea a través de la aplicación diaria o algún trabajo de investigación. Él o ella puede ser su fuente principal de retroalimentación y motivación. También, puede ayudarle a orientarse hacia la dirección correcta.

Empiece por reunirse con él o ella una vez a la semana para discutir qué es la inteligencia emocional y lo que usted ha estado haciendo para mejorarla. Puede que sólo quiera concentrarse en el automanejo en específico y lo que esa persona hace o sugiere para regular sus sentimientos. Los métodos que pueden ser usados ocupan un amplio rango y varían dependiendo del individuo y lo que más le acomode.

Usted tendrá que encontrar lo que le funcione mejor.

Tener a alguien que le ayude con ideas y sugerencias volverá más fácil el ingeniar prácticas de autocontrol. Tras estas reuniones, tómese el tiempo de reflexionar sobre lo que hablaron y lo que usted aprendió. Después de un mes, aminore la frecuencia de sus encuentros a cada dos semanas.

Esto le dará tiempo adicional para pensar y practicar, pero también le otorgará un margen más cómodo a él o ella para hacerle comentarios más constructivos en cuanto a los cambios que nota entre cada visita.

Organice su tiempo

La toma de decisiones es un proceso en el que sus emociones influyen directamente. Usted elige cosas miles de veces al día, incluso cuando no se da cuenta; la ropa que usa, lo que come a sus horas, si hace ejercicio en la mañana o en la noche, si prefiere leer el periódico o escuchar las noticias, a qué hora sale de la casa para ir al trabajo; todas estas son decisiones que podría hacer durante los primeros diez o veinte minutos después de despertar y salir de la cama.

Muchas de estas elecciones ocurren de manera subconsciente debido a la rutina que ha logrado establecer con el paso de los años o porque, en realidad, no alterarán mucho su vida, por lo que hacerlas es casi automático.

Sin embargo, hay algunas con las que se enfrentará y que podrían ocasionar un gran impacto en su día a día; algunas a una mayor escala que otras, como tomar un atajo después del trabajo para llegar a su casa más rápido versus aceptar un puesto en otro estado. La gran parte de estas decisiones deben ser tomadas en el momento, pero, en cuanto al resto, puede que le den algo de tiempo para ponderar.

Ahora, es un saber común que las decisiones precipitadas rara vez son efectivas o benéficas. Si bien cierta cantidad de espontaneidad puede ser divertida, en general debería ser reservada para situaciones de esta naturaleza. Las importantes deberían ser aproximadas con racionalidad. Por ejemplo, cuando una relación se termina en medio de una furiosa pelea debido a la emoción del momento, la mayoría de las veces una o ambas partes sienten remordimiento y se arrepienten después del hecho, por lo que intentan regresar para retomar la relación. Sin embargo, si se toma un momento para analizar lo que está mal y si puede hacer algo o qué se necesita, entonces puede alcanzarse un compromiso o una conclusión más razonable.

Tómese veinte minutos de su día para que, por su cuenta, resuelva sus problemas. Su diario de emociones es un buen lugar para trabajar este propósito.

Usted querrá escribir algunas decisiones inminentes que deberá tomar en algún futuro. Pondere sobre sus pros y contras, considere los diversos puntos de vista y resultados de lo que sea que elija.

Adéntrese al hábito de analizar estas decisiones para que sea menos propenso o propensa a realizarlas basándose en sentimientos intensos o pensamientos irracionales.

Controle lo que se dice a sí mismo o misma

De manera similar a como los pensamientos de autodesprecio se pueden manifestar gracias a sus emociones, una autoconversación negativa también puede ser resultado de estas últimas; dicha práctica puede ser cualquier tipo de palabras o frases que usted use en su contra. Cuando se insulta, desprecia y subestima, usted se está hablando de manera perjudicial, incluso si es un monólogo mental.

Usted querrá tomar el control de esto. Si bien sus conversaciones surgen de sentimientos que producen ideas negativas, recuerde que estas últimas no reflejan necesariamente la realidad. Aunque los pensamientos son bastante reales, la mayoría de las ocasiones se basan en las opiniones y emociones de quien los forma. En este caso, son los suyos los que influencian las cosas que se dice.

Empiece a ubicar qué sentimientos e ideas detonan esta autoconversación negativa. Una vez que aísla las causas, considere qué tipo de cosas podría refutar con y sobre usted que no sean pesimistas, pero que continúen teniendo en cuenta lo que desató su experiencia. Si bien estas alternativas no deben ser exageradamente positivas y llenas de felicidad, sopese de qué manera puede dejar ir esta negatividad para darle pasos a declaraciones más favorables o al menos neutrales.

En cualquier momento que hable mal de sí mismo o misma, empiece a acudir al hábito de tomar un paso atrás y examinar por una mejor alternativa. Una vez que la obtenga, repítasela varias veces, sea en su mente o en voz alta. Esto le ayudará a reconstruir sus patrones de pensamiento hacia una autoconversación más optimista para reemplazar lo contrario. Tener confianza es una parte de la inteligencia emocional que le ayuda con las interacciones sociales y alcanzar sus metas de éxito; esta, a su vez, se basa en una imagen y opinión de sí mismo o misma positiva.

. . .

Así, al controlar los pensamientos que tiene sobre usted, será capaz de mejorar la estima que se tiene. Esto, en consecuencia, ocasionará un aumento en su autoconfianza.

Si echa un vistazo a las personas a su alrededor que tienen éxito en sus carreras profesionales y relaciones personales, notará que se portan con un alto nivel de seguridad.

Muy rara vez dudan de sí mismas, incluso cuando están dispuestas a recibir opiniones alternativas.

Tener confianza no significa pensar que siempre tiene la razón o que es el o la mejor en todo, sino que siente comodidad en su persona, sus creencias y convicciones, y eso le hará destacar.

Deseche lo peor de sus emociones negativas

Los pensamientos negativos sobre usted y las personas a su alrededor, así como de su trabajo, sus relaciones, entre otras cosas, empezarán a poner un gran peso en sus emociones y su habilidad de crear su propio éxito. El pesimismo es como un imán que carga en su bolsillo. Cada vez que tiene una idea desfavorable, se atora en él, lo que no hace más que volverlo cada vez más insoportable. Así, se le dificulta continuar con su día y desenvolverse con tranquilidad cuando estas le están arrastrando hasta el fondo. Claro, esto crea un círculo vicioso de sentirse aún peor.

Debido a que sus emociones no son ni buenas ni malas, negativas o positivas, son los pensamientos, opiniones y juicios que usted mantiene en su interior lo que contribuyen a la molestia de este imán que está llevando a todos lados.

Es una idea reveladora y difícil de aceptar, el darse cuenta de que es su peor enemigo o enemiga y que la única cosa que retrasa hasta detenerle es usted. Pero, al saber esto, usted tiene la habilidad de tomar el imán de negatividad de su bolsillo y deshacerse de él.

La práctica de replantear sus pensamientos para que no acudan por inercia a la negatividad es difícil y consume mucho tiempo, pero la recompensa hace que todo valga la pena. ¿Sabía que usted puede reformar sus situaciones y experiencias gracias al simple hecho de resistirse a las ideas negativas? Es enteramente posible darle un nuevo aspecto a su realidad, pero primero necesita verla con luz y optimismo si quiere volver esta visión parte de su vida.

Una buena forma de empezar es enfocándose en las pequeñas victorias. Si usted fue capaz de llegar al trabajo a tiempo todos los días durante una semana, reconozca esto y celébrelo. Tal vez logró llegar al partido de fútbol de su hijo o hija en una tarde donde normalmente no podría. Este es un logro mínimo, pero debería apropiarse de él y sentirse victorioso o victoriosa. Permítase el tiempo para apreciar todas las metas que alcanza, incluso las más mínimas. Esto le ayudará a encontrar la positividad en todas las situaciones, sean grandes o pequeñas; así, con el tiempo, su mente empezará a buscar dicho optimismo en automático, lo que le hará sentir bien sobre todo tipo de ocasiones y eventos.

Mantenga un horario de sueño sano

Dormir es crucial para la supervivencia humana, como lo es para el manejo de las emociones y la prevalencia de los pensamientos racionales, la función cognitiva y la mantención de los niveles de energía. Desafortunadamente, la sociedad moderna parece querer rechazar la necesidad del sueño y fomentar el uso de aparatos y productos que previenen que el cuerpo obtenga el descanso que necesita.

El café, el refresco y otras bebidas con cafeína son artículos de primera necesidad en muchas culturas modernas. Este ingrediente tiene un periodo de desintegración inusualmente largo, pues a su cuerpo le toma demasiado tiempo digerirlo. Tomar café durante la noche conlleva que una cantidad significativa de dicho estimulante se quedará en su sistema durante varias horas. Una buena regla de oro es no tomar este tipo de bebidas después del mediodía.

Los teléfonos celulares, tabletas, televisiones y las laptops tienen pantallas que emiten luz azul, una fuente que inhibe la producción de melanina en el cerebro; este químico es necesario para dormir y, sin embargo, los dispositivos le hacen creer a su cerebro que el sol sigue afuera. Una práctica benéfica es apagar todos los electrónicos al menos dos horas antes, pero no menos de media hora, antes de irse a dormir.

. . .

Usted no debería hacer esto último con su teléfono o cualquier otro aparato cerca de su cama, a menos que lo ponga en modo avión o los apague por completo.

Trabajar o ver televisión justo antes de acostarse impedirán la habilidad que su mente tiene de apagarse y descansar.

Incluso leer en la cama puede mantenerla activa. Es mejor que reserve este espacio exclusivamente para el reposo; esto ayudará a que su cerebro practique el hábito de relajarse para soñar cuando se acueste. Bloquear cualquier fuente de luz no natural, tal como las ventanas en donde se reflejan las luces de la calle, también es una buena idea.

De manera similar, debería establecer patrones regulares: vaya a dormir a una hora en específico y despierte a tiempo todas las mañanas. Esto hará una gran diferencia en su habilidad corporal de mantener hábitos de sueño sanos.

Hable con alguien ajeno a todo

. . .

Otra buena manera de recibir retroalimentación honesta es encontrar a alguien que conozca y que le hable con sinceridad sobre las cosas que le pregunte, pero con quien no tenga una relación muy cercana.

Las personas que están personal y emocionalmente relacionadas con usted acudirán a sus propios prejuicios.

Esto les hará creer cosas que no son verdaderas sobre usted, ver progreso sólo porque quieren, o lo opuesto. No será su intención darle información u observaciones desconfiables, pero los sentimientos siempre encuentran una manera de entrometerse.

Si puede, busque a un compañero o compañera de trabajo, o un conocido o conocida o incluso la pareja de una amistad a quien vea con regularidad pero que no conozca tan bien; pero, para que salga bien, debe ser alguien que esté dispuesto o dispuesta a hacerle comentarios. Él o ella tendrá que saber quién es usted, al menos en la superficie.

Sus amistades cercanas, miembros de la familia y parejas tienden a involucrar demasiado sus emociones y eso comprometerá a las respuestas que usted necesita.

Usted querrá tener cuidado con quien elige. Esa persona deberá ser alguien en quien confíe y que podrá expandir sus horizontes. Debe saber de antemano que hablará con sinceridad e, incluso si no tiene ningún sacrificio emocional que arriesgar, necesita que sus intenciones sean constructivas, no críticas, pues esto puede estancar su progreso.

Conversar con alguien que sepa cómo dar consejos y ánimos sin ser cruel es la mejor manera de adentrarse a este método.

Evite escoger a alguien que vaya a estar de acuerdo con todo lo que usted diga, pues la intención es obtener perspectivas adicionales. Si habla con alguien que le conceda cualquier cosa, entonces limitará su propio crecimiento y nunca logrará ir más allá de sus límites actuales o procesos de pensamiento. Usted puede asegurar el éxito al relacionarse con la persona apta para este ejercicio.

Agende una descarga emocional

• • •

La actividad física es una forma fantástica de liberar sus emociones. No sólo el cerebro secreta muchos químicos benéficos cuando hace ejercicio, pero también trae más beneficios, como mantener a su cuerpo sano, ayudarle a establecer un patrón de sueño regular, nivelar sus estados de ánimo, mantener sus niveles de energía y su habilidad de concentración; además, le ayuda a ser una persona más efectiva en cuanto a organización y la toma de decisiones.

Intente realizar al menos veinte minutos de actividad al día que funja como descarga emocional en su rutina. Le ayudará a dejar ir de las cargas sentimentales y abrirle paso a los procesos favorables que se mencionaron anteriormente. Recuerde: no tiene que ser algo riguroso y cansado en exceso; puede salir al parque por una sencilla caminata, hacer una rutina de yoga, correr en una máquina, jugar con su perro, entre muchas otras opciones que abarcan desde lo más ligero hasta lo más pesado.

Vuélvase más resiliente

La atención plena es un tipo de práctica de meditación que le enseña a vivir el momento. Le ayuda a lograr que sus pensamientos y emociones no le controlen. Los ejercicios de este tipo pueden ser simples o complejas, pero realizarlos todos los días es una excelente manera de separarse de sus sentimientos e ideas; una vez más, toma tiempo y práctica constante. Sin embargo, debido a que hay algunas actividades que sólo toman minutos de su día, incluirlos en su vida diaria puede ser bastante fácil.

Una de estas últimas es comer una naranja (o cualquier tipo de fruta). Mientras lo hace, cierre los ojos y concéntrese en la complejidad de lo que está probando. Mantenga su atención en la manera en que el jugo y la pulpa se sienten en su boca. Piense en cómo huele, lo que saborea y sienta el bocado pasar mientras traga, siguiendo la sensación mientras baja hacia su estómago. Con cada mordida, analice las sensaciones que experimenta.

Esta sencilla práctica ralentiza el proceso de una acción de todos los días, tal como el comer. Le aparta del resto del mundo y de cualquier otra distracción, manteniendo el foco de su atención exactamente en lo que está haciendo y sintiendo mientras sucede.

En los últimos años, las investigaciones sobre la atención plena y cómo le pueden ayudar a combatir la depresión y ansiedad han aumentado exponencialmente. Muchas personas se han interesado en este tipo de meditación como un medio para regular los pensamientos y emociones; incluso las terapias de este tipo se han vuelto de uso común dentro del campo cognitivo-conductual.

Practique la gratificación aplazada

Como su nombre lo indica, este ejercicio es lo contrario a la gratificación instantánea. Las mentes, cuerpos y emociones humanas están programadas para pedir esta última. Pero ¿qué es exactamente? Sucede cuando, tras hacer algo, se obtiene un sentimiento inmediato de placer, felicidad o alegría. No tiene que esperar por ningún tipo de recompensa, pues sucede de manera instantánea.

Desafortunadamente, muchos de sus métodos causan la formación de malos hábitos.

Algunas de las fuentes de gratificación inmediata más comunes son los cigarros, el alcohol, el azúcar y la cafeína.

. . .

¿Cuál es el propósito de la gratificación tardía? Esta estrategia busca volverle una persona resiliente y capaz de manejarse, lo que se liga al control de impulsos. Estos últimos se refieren a aquella poderosa urgencia de hacer algo, una necesidad casi física, que le hace actuar de manera irracional y apresurada. ¿Alguna vez ha comprado algo sin pensarlo? Es decir, cuando adquiere algo que realmente quiere en el momento que lo ve, sin considerar factores como su estatus financiero, si usará el objeto alguna vez o lo que ganará al obtenerlo. Muchas de estas compras, tras suceder, traen consigo remordimiento y arrepentimiento por parte del usuario.

Por lo tanto, enseñarse a controlar sus impulsos al practicar este tipo de gratificación podría ayudarle a manejar mejor sus pensamientos y emociones, en especial durante situaciones extremas.

Algunos ejercicios para hacerlo pueden ser prohibir el consumo de azúcar durante siete días. Si toma un vaso de vino durante la cena todas las noches o va por unas cervezas después del trabajo, pase una semana sin alcohol y remueva aquella amenidad de "sentirse bien" por un rato.

. . .

Si ninguno de estos dos ingredientes es prominente en su día a día, considere tomar un baño frío. Termine su rutina de lavado tras mantenerla durante cinco minutos o más; entonces, pase el agua a una temperatura más cálida, lentamente para no afectar a su sistema nervioso, pero sólo permítase dos o tres minutos más antes de terminar su ducha.

Estas son prácticas de voluntad que le ayudarán a manejar sus propios pensamientos y emociones con el paso del tiempo. Puede que incluso elija esta ocasión para dejar de fumar, o puede que ya esté practicando otros métodos para reducir su estrés y reforzar su autocontrol.

5

Evite que el viaje sea solitario

Estrategias para mejorar su consciencia social

Una de las prácticas más fundamentales para el desarrollo de esta habilidad es imaginar cómo se sentiría estar en los zapatos de alguien más. Puede sonar como un cliché infantil, pero la verdad es que una de las mejores maneras de entender a alguien es ver las situaciones a través de sus ojos y desde su perspectiva.

Cuando interactúa con otras personas, en su mente debería haber una pregunta regular; esta es ¿cómo se sentiría si estuviera pasando por eso? Esto puede ser sobre problemas personales con los que ellos o ellas estén pasando o incluso cómo reaccionan a algo que usted dice o hace.

Usar los zapatos de alguien también es una manera de reflexionar sobre sus propios comportamientos. Si ha tenido alguna interacción con alguien que no ha salido como lo planeaba o esperaba, reflexione sobre lo que sucedió y pregúntese cómo hubiera reaccionado usted si los papeles se hubiesen invertido. Independientemente de lo que haya sucedido, imagine un escenario en donde usted haya estado del lado receptor de sus acciones.

Así, usted puede llegar a aprender mucho sobre sí mismo o misma, pero también sobre las interacciones humanas en general, pues vive un suceso desde ambos lados.

A veces es difícil imaginar lo que alguien piensa o siente. Por lo tanto, usted puede ponerse en dicha posición y visualizar cuáles serían sus emociones e ideas en dicho asunto. Si bien no será igual a la experiencia de otra persona, la mayoría de las veces es suficiente para formar una respuesta compasiva y empática.

. . .

Mientras empieza a comprender a los demás, también comenzará a ver sucesos e interacciones desde múltiples perspectivas; desarrollará su sentido de compasión e incluso podrá llegar a notar que sus opiniones sobre ciertas personas también cambiarán. Si al momento de intentar ver desde el punto de vista ajeno, su reacción inmediata es que no puede ni imaginarlo, entonces debería percatarse de que no hay razón para hacer juicios sobre él o ella.

Use esta herramienta como un medio para reflexionar sobre cómo usted puede cambiar su comportamiento, pero también para que le sea más fácil entender las reacciones y respuestas de los demás.

Tome en cuenta el pasado

La historia de una persona influye sobre sus emociones, pensamientos y comportamientos. Muchos de estos aspectos se aprenden de los padres, maestros, hermanos, cuidadores, miembros de la familia y a través de la cultura. Algunas veces, dichos hábitos y actitudes se desarrollan como un método de supervivencia y autopreservación con el propósito de encajar dentro de un grupo social sin destacar demasiado.

. . .

Es importante recordar que todos y todas tienen un pasado, que contribuirá a su habilidad de cada individuo para comunicarse, interactuar y entender a otras personas.

Cuando usted interactúa con alguien más, no olvide que hay una razón detrás de cada forma en que actúa y responde. Ya sea que esté buscando más detalles sobre esto o no, no es su derecho criticar estos comportamientos.

En su lugar, hágase un par de preguntas. Primero, "¿qué necesidades satisface esa persona al momento de actuar así?". La respuesta puede no ser obvia, pero si se detiene a pensarlo o incluso por qué usted haría algo similar, podría ser capaz de entenderle un poco más. Cuando se llega a este punto, adquiere la habilidad de dejar atrás sus frustraciones y resentimientos, sintiendo comprensión y empatía en su lugar.

La segunda pregunta que debería hacerse es "¿qué podría haber pasado en su pasado para explicar este comportamiento?". Puede que nunca encuentre la respuesta, pues las experiencias ajenas son sólo suyas y nadie está obligado u obligada a compartirlas. Sin embargo, el considerar esto es un recordatorio directo de que las respuestas emocionales se derivan de toda una vida de ocurrencias.

De esta manera, interactuar con las personas se volverá más fácil mientras sus niveles de entendimiento aumentan, lo que también le llevará a cambiar su propio comportamiento para que les sea de ayuda para satisfacer sus necesidades.

Tener esta intuición y habilidad para lograr un cambio es un gran avance en su CE.

Llame a la gente por su nombre

Es un hecho desafortunado, pero en la era de la tecnología donde la mayoría de las interacciones ocurren a través de los celulares, mensajes de texto y redes sociales, el arte y la cortesía de saludas a las personas por sus nombres ha empezado a disminuir. Sin embargo, esta es una herramienta fantástica de la inteligencia emocional y la consciencia social.

. . .

Es bastante básica y, por lo tanto, fácil de practicar. Es una buena manera de establecer una conexión y romper el hielo.

Dirigirse a la gente de nombre hace que las interacciones sean más personales y, además, hace que el receptor se sienta feliz, visto y reconocido como individuo. En suma, le hace creer que es importante.

Esta táctica crea una atmósfera cálida y abre la posibilidad de que más interacciones se den a lugar. También, ayuda a derribar las barreras y hacer que la persona con la que está interactuando esté menos a la defensiva.

Si bien un nombre no es la respuesta a todo, cuando lo incluye en su saludo, de inmediato crea una sensación de comodidad y familiaridad. Alguien que no se dé cuenta de la hostilidad en su comportamiento tendrá un momento más fácil para relajarse gracias a ello.

Si está conociendo a alguien por primera vez, dirigirse por su nombre es una buena manera de establecer una conexión que fácilmente podría convertirse en confianza.

Dentro de un ambiente laboral, usar los nombres de los trabajadores, así sea en una interacción casual o en juntas más serias, hace que ellos y ellas se sientan más como humanos y no tanto como el engranaje de una máquina. Se vuelven su propia persona, y es casi como si usted les diera un aspecto de su identidad de regreso.

Preste atención al lenguaje corporal

Este último es, la mayoría de las veces, una representación física de lo que alguien piensa o siente. Mientras va aprendiendo sobre la manera en que sus propias emociones e ideas se manifiestan en su cuerpo, también debería empezar a prestar atención a otras personas.

Primero que nada, esté atento o atenta a la postura y los gestos corporales. Estos movimientos suelen ser más elongados porque suelen utilizar la totalidad del físico o de una extremidad. Hay movimientos más sutiles que también debe buscar.

Observar el rostro para encontrar expresiones también forma parte de esta técnica.

Es más que sólo ver la boca buscando muecas o sonrisas; los pensamientos y emociones suelen expresarse a través de movimientos de la nariz, mejillas, cejas y frente. Algunos de estos ademanes son mínimos y aislados, pero otros se expanden por toda la cara.

Aún más sutil, prestar atención a la manera en que los ojos de alguien se mueven puede ser también un buen indicador.

Esto es verdadero incluso en aquellas personas que han demostrado un gran control y contención, lo que no las hace tan emotivas o expresivas como los demás. Los movimientos oculares pueden indicar miedo, tristeza, enojo, aburrimiento, estrés, felicidad, comodidad y todo un espectro de emociones similares.

Al interactuar con alguien, busque todas estas señales para intentar deducir lo que puede estar intentando decirle y para reafirmar lo que le está diciendo sin necesidad de que se lo confirme verbalmente. Si no está seguro o segura, pregúntele a alguien en quien confíe lo que siente cuando hace cierto gesto o expresión.

. . .

Los seres humanos modernos evolucionaron a través de la historia sin un lenguaje hablado; se apoyaban en las señales y movimientos corporales para comunicarse.

El cuerpo, por naturaleza, está programado para responder a los pensamientos y emociones. Mucha de las cosas que se expresan suceden en silencio; adentrarse en esta línea de comunicación le dará una gran ventaja al momento de entender e interactuar con otras personas.

Entienda la importancia del momento

La comunicación y conciencia social van más allá de los factores mencionados hasta ahora. Una vez que los practica, ¿qué hace con ellos después? La respuesta es que las usa con el propósito de tener interacciones exitosas y de darse una ventaja para alcanzar sus metas. Pero ¿cómo logra esto?

Una manera de utilizar lo aprendido es practicar y entender la importancia del tiempo apropiado. Por ejemplo, si tiene una pregunta o un favor que pedirle a alguien, usted querrá asegurarse de que esa persona esté de buen humor o estado mental y, por lo tanto, receptiva.

Si se acerca cuando está enojado o triste, probablemente no recibirá la respuesta que espera. Lo mejor es esperar hasta que las aguas estén tranquilas, lo que favorecerá la posibilidad de que su solicitud sea concedida.

Usted necesita determinar los ánimos ajenos antes de sacar ciertos temas a conversación, esperar por el momento indicado antes de hacer preguntas o tener ciertas charlas.

Sin embargo, estas oportunidades surgen más allá del mero entendimiento de las emociones ajenas; también querrá considerar eventos recientes. Claro, no puede estar siempre al tanto de las cosas que suceden en las vidas de los demás. Aun así, a través de la lectura del lenguaje corporal, usted podrá determinar a quién puede acercarse y a quién no.

Si incluso así no está seguro o segura de cuál es el momento indicado, regrese a la práctica predeterminada de ponerse en los zapatos de alguien más. Si quiere preguntar algo a un individuo que parece estar molesto, y no sabe si lo que le dirá empeorará la situación, permítase un segundo para pensar en cómo usted se sentiría siento el receptor de su disposición. Así, es posible combinar ciertas habilidades que ha ido aprendiendo y practicando para ayudarle a comprender mejor cuándo es la oportunidad ideal.

Esto va más allá de sólo hacer preguntas y pedir favores.

Usted querrá asegurarse de que saque temas a la luz, haga bromas e incluso moleste a las personas en los instantes correctos. Si realiza alguno de estos en el peor momento, podría llevarle en ruta directa hacia un desastre social. Por lo tanto, lea el ambiente y espere tanto como sea necesario.

Planee con anticipación los arreglos sociales
Antes de asistir a un evento o compromiso social, deténgase a considerar quién más estará ahí. Con todo el progreso que ha hecho hasta ahora en su autoconsciencia y su autocontrol, usted será capaz de establecer algún tipo de base de referencia sobre la multitud de la que formará parte.

La planeación previa se liga con la técnica descrita previamente, así como el saber leer a su audiencia. En vez de hacerlo al momento, usted realizará un poco de trabajo de preparación para que sienta la comodidad y confianza necesarias para adentrarse a la situación. No es una mala idea tener un par de trucos bajo la manga, sean temas de conversación o preguntas que realizar, en especial si todavía siente ansiedad ante el prospecto de reuniones sociales.

Es importante recordar que, independientemente de cuánto tenga de antemano, todavía deberá estar al pendiente del humor y forma de pensar de las demás personas; no olvide leer el lenguaje corporal tampoco, pues lo más probable es que necesitará adaptar sus planes al momento si las cosas no están sucediendo tal como las anticipó. No deje que esto le estrese, sólo piense en todas las habilidades que ha practicado hasta ahora y será capaz de realizar los ajustes oportunos.

En general, la planeación le da la habilidad de enfocarse en las personas con las que está en el momento, en vez de preocuparse de lo que hará o dirá.

Esto se relaciona con las prácticas de la atención plena; al tener cosas preparadas con anterioridad, usted podrá observar más de cerca el lenguaje corporal ajeno, así como escuchar a las personas con las que interactúa. Al estar enteramente presente, sus interacciones se vuelven más genuinas y profundas.

. . .

No se distraiga

Cuando está conversando con alguien, o si está en una junta de trabajo o una clase de cualquier tipo, una de las habilidades de la consciencia social que puede aplicar es escuchar realmente lo que la otra persona está diciendo. Lo último que usted o ella quieren es que su mente se vaya por otra parte, preguntándose cosas que no importan en ese momento.

En primer lugar, es un poco grosero pensar en cosas ajenas a la conversación en la que es partícipe. Además, recuerde que, al igual que sus sentimientos, sus ideas se manifiestan de manera física, en especial si estas detonan respuestas emotivas. Puede que, de forma inconsciente, haga algo con su lenguaje corporal que indique cómo se siente, lo que su contraparte notará, sin entender realmente su reacción y arriesgando que su plática tome un rumbo inesperado.

Más allá de esto, si el hablante se da cuenta de lo que sucede, él o ella pensará que usted no está presente, que el tema le está aburriendo o que simplemente lo que tiene que decirle no le interesa lo suficiente; en consecuencia, se crea una atmósfera hostil donde usted le ha hecho creer que es menos importante de lo que sucede en sus pensamientos.

Parte de la consciencia social es aprender cómo tener interacciones positivas con otras personas. Para practicar el enfocarse en su contraparte, adéntrese a la situación con la intención de aprender algo basado en lo que él o ella tenga para decirle. De esta manera, su mente se enfocará en escucharle para que pueda descubrir algo nuevo.

Si usted se descubre distrayéndose, detenga su tren de pensamiento inmediatamente. Tome una profunda respiración y vuelva a enfocar su atención en el otro individuo. Puede que incluso quiera inclinarse más cerca de él o ella para que su cuerpo y mente se enfoquen en las palabras que le están dirigiendo. Los ejercicios de atención plena son una excelente manera de lograr esto.

Practique la escucha asertiva

Escuchar lo que le están diciendo, comprenderlo y aprender algo nuevo es sólo una parte de lo que esta actividad se trata.

La escucha asertiva es una habilidad en donde usted

le presta atención al tono de voz que su hablante está usando, a su volumen, la velocidad en la que dice las cosas y cualquier otra fluctuación.

Esta técnica es similar a la observación del lenguaje corporal. La forma en que alguien habla le dará pistas adicionales sobre lo que está pensando y sintiendo. Desafortunadamente, las características que se mencionaron antes se pierden en la comunicación electrónica; esta es otra razón por la cual muchas personas no saben escuchar con atención.

Cuando alguien más esté hablando, enfóquese sólo en esa persona. Deberá estar atento o atenta a lo que dice, cómo lo dice y a su lenguaje corporal. Juntos, estas tres señales externas le dirán todo lo que necesite saber sobre lo que la persona piensa o siente.

Una escucha asertiva apropiada no sólo se trata de enfocarse en las sutilezas de la voz, sino también de participar activamente en el escucha. Recuerde, alguien puede adivinar cuando se está distrayendo. Para apegarse a la atención modelo, tome una posición de tal forma que esté cara a cara con la otra persona y haga contacto visual para demostrar que le está prestando atención.

. . .

Durante las pausas de la conversación, asienta con la cabeza para reforzar este último punto o inserte pequeñas palabras de aliento para que la otra persona continúe hablando, de tal forma que también le haga saber que le está entendiendo. Practique no interrumpir; a veces, es difícil saber cuándo alguien termina una conversación o una idea. Preste atención a las pausas largas y busque las señales que le indiquen que él o ella está esperando por una respuesta o que terminó lo que quiso decir.

Todos estos son componentes de la escucha asertiva y de cómo hacer que una interacción social fluya sin problemas. Este tipo de habilidades requieren adiestramiento, entendimiento y dominancia. Puede que le sea útil el platicar con alguien durante cinco a diez minutos todos los días, de tal manera que desarrolle esta habilidad.

Aprenda sobre la cultura

Ahora, después de todo su estudio, práctica y progreso, es tiempo de presentarle un pequeño obstáculo; este es, las diferentes expectativas culturales. No todas las sociedades tienen el mismo lenguaje corporal, expresiones faciales o comportamientos que coincidan con lo que usted ha llegado a entender como aceptable en su propia cultura.

Si no tiene la oportunidad de hacer observaciones sobre ciertos cruces culturales antes de que termine en una situación en donde tenga que interactuar con una persona ajena a la suya, no entre en pánico. Regrese a observar los indicadores subconscientes que el lenguaje corporal comunica. A pesar de todo, los instintos y reacciones fisiológicas son parte de todo el mundo de manera muy similar.

Si puede captar estas básicas reacciones biológicas, entonces le será más fácil entablar una relación con él o ella sin arriesgarse a ofenderle. Otra opción es simplemente preguntar si cierto comportamiento o gesto es aceptable; puede parecerle un movimiento descarado, pero, en realidad, cualquier persona sentiría agradecimiento si se esfuerza en aprender lo que es apropiado para él o ella en cuanto a su cultura. Puede crear un sentido de comodidad porque le demuestra que a usted le importa su tranquilidad.

Habrá eventos o situaciones donde tendrá tiempo de buscar un poco sobre las normas culturales de otras culturas. Si bien las investigaciones pueden ayudar a romper el hielo, preguntar de manera directa será mejor recibido. Si se adentra a la interacción como si ya supiera todo lo que debe saberse de la cultura ajena, podría parecer ofensivo. Por lo tanto, no olvide que sus descubrimientos sólo son la base donde se asentará lo demás, y no tenga miedo de inquirir sobre cosas en específicas sobre comportamientos y lenguaje corporal adecuado.

Hay muchas instancias en las que usted podría cruzar caminos con otras culturas. El mundo de los negocios se está expandiendo a nivel internacional a través de diversos países. Los refugiados y refugiadas se están moviendo de lugar a lugar buscando un hogar seguro para sus familias, y hay más viajes entre naciones en la actualidad que en el pasado. Mientras más practica con otras culturas, será cada vez más capaz de aplicar dichas habilidades en las interacciones con personas de la propia también.

Pregunte para comprobar su conclusión

A veces, la mejor manera de asegurarse que está interpretando el lenguaje corporal de alguien correctamente es preguntando de manera directa. Suena como algo demasiado sencillo, pero hay formas de acercarse a esto con tacto de tal forma que no se interprete como algo insensible o descarado.

Por ejemplo, si alguien parece molesto, acercarse a él y decirle eso sin más no es la mejor manera de iniciar una conversación o conseguir una respuesta favorable, pues no demostró sensibilidad ni empatía por las emociones ajenas.

En su lugar, intente decirle algo como "Me parece que te sientes un poco desanimado, ¿pasó algo?"

Una pregunta bien planteada aumenta el potencial de que se forme una comunicación honesta sin que la otra persona se sienta ridiculizada o como si estuviera bajo juicio. No sólo obtendrá una respuesta que le ayudará a entender mejor lo que alguien más está pensando y sintiendo, pero también mejorará sus habilidades de comunicación al practicar la mejor manera de decir las cosas.

Estos dos ejercicios le ayudarán a incrementar su empatía.

. . .

También, otras personas empezarán a considerarle como alguien a quien pueden acudir para buscar apoyo, pues sabe leer las emociones y ánimos más sutiles. Esto es un gran paso para aumentar su CE y le será de gran avance en su proceso de manejo de relaciones que verá en el siguiente capítulo.

Cuando tenga dudas, hágalas. Puede que incluso quiera anotar algunas preguntas o frases previamente consideradas en su diario de emociones; tenga listas unas cuantas que vayan de acuerdo con diferentes escenarios que involucren diversas emociones. Si cree que necesita ayuda ideando palabras que demuestren cuidado y comprensión, acérquese a alguien que sea bueno o buena hablando con otras personas y expresando empatía. Él o ella le ayudará a formular las preguntas más apropiadas.

6

Cuide a los que estén más cerca de usted

Estrategias para el manejo de sus relaciones

A pesar de lo que la cultura popular pueda hacerle creer, todas las relaciones toman tiempo y esfuerzo. Hay una fase inicial, conocida como la de "luna de miel", donde las secreciones químicas que crean los sentimientos del amor y la alegría están en su cúspide. Durante esta temporada, la conexión parece perfecta; pero esto rara vez es verdad, sin importar cuánto tiempo se hayan mantenido juntas las personas o cuán poco problemáticas parezcan. Todos y todas son diferentes, y esto a veces puede causar fricción, peleas y desacuerdos.

. . .

Con las habilidades que ha aprendido sobre la autoconsciencia, el automanejo, la consciencia social, combinadas con las habilidades que va a aprender, usted podrá desenvolverse dentro de sus relaciones de una mejor manera. Así, las desigualdades no causarán problemas duraderos o conflictos explosivos.

Muestre interés

Abrirse a otras personas es una excelente forma de darles suficiente información para que sientan que entienden su perspectiva. Puede ser difícil sincerarse y dejar a los y las demás pasar; pero este concepto no involucra divulgar sus secretos más oscuros siempre que conozca a alguien por primera vez, sino que, simplemente, evite esconderse. Deje que su pareja vea un lado más gentil de usted, sea honesto u honesta con sus pensamientos, opiniones y sentimientos.

Junto con esta apertura, usted debería expresar curiosidad hacia su persona especial si quiere entender sus reacciones y comportamientos. Esto no sólo es una buena forma de conocer más a alguien, pero ambas partes deberían establecer desde el inicio qué tipo de peculiaridades y manías poseen. Las parejas respetuosas acomodarán estos rasgos de personalidad que parecen insignificantes de una manera que le sea cómoda para la contraparte. No se trata de cambiar para la otra persona, sino de respetar que no son lo mismo y que valora sus diferencias lo suficiente como para hacer ajustes en su comportamiento hacia él o ella para demostrarle dicho cariño. Lo ideal es que sea algo recíproco.

Demostrar interés al abrirse y al tener curiosidad es un proceso de dar y recibir tanto para usted como para su persona amada. Ambos o ambas deberían practicar revelar algo pequeño sobre ustedes todos los días, en especial cuando todo sigue sintiéndose nuevo y lleno de alegría.

Intente no dar señales mixtas

Todo el mundo está familiarizado con este concepto: son, en esencia, cuando dice algo, pero su lenguaje corporal y gestos faciales expresan otra cosa. ¿Recuerda cuando se discutió la importancia de la comunicación no verbal? Esto es un buen ejemplo de por qué es importante.

. . .

Si sus movimientos físicos son cerrados y ariscos y los rasgos de su rostro demuestran hostilidad, pero habla con un tono feliz y ligero, entonces la persona que le esté escuchando estará increíblemente confundida. Las señales mixtas se ven, en su mayoría, entre parejas cuando pelean. Una parte pretenderá no estar tan molesta como lo está en realidad y descartará la preocupación de su pareja, pero su lenguaje corporal corresponde a sus emociones y no a sus palabras.

Cuando le da a su pareja una de estas señales, ocasiona más que confusión. Puede crear un problema mayor encima de lo que sea el conflicto en cuestión.

Si algo le molesta u ofende o no tiene el tiempo de hacer un favor, dígalo con honestidad. De intentar ocultarlo, podría terminar contradiciéndose a sí mismo o misma a través de lo que no puede controlar.

Muchas personas no están acostumbradas a pedir ayuda o funcionan de manera constante bajo un estado de estrés perpetuo. Su respuesta natural y automática a alguien preguntándole si necesitan ayuda siempre es similar a "estoy bien, puedo hacerlo", incluso cuando sus expresiones demuestran que están muy preocupadas y abrumadas con todo.

Si recibe señales confusas de su pareja, reconozca que probablemente es el resultado de un comportamiento aprendido y no un intento de ser frustrante. Cuando se encuentre en una situación así, en vez de preguntarle si necesita ayuda o si está bien, pregunte si hay algo que usted pueda hacer o que él o ella quiera que haga. Busque respuestas más específicas, en vez de una que pueda descartar con facilidad, de tal forma que obtenga una pista más genuina en vez de algo mixto y contraproducente.

Practique también no darlas usted. Para lograr esto, es un buen momento de retornar a sus habilidades de observación de lenguaje corporal. Tome nota de los movimientos que usted hace en ciertas situaciones donde sabe que las palabras que dice no se alinean con lo que siente.

Si en algún momento se atrapa haciendo algo así, deténgase, discúlpese con su pareja por los mensajes conflictivos y exprésese con honestidad.

Acepte la retroalimentación

• • •

Permítale a su pareja que le comente sus opiniones y perspectiva sobre usted y sus reacciones. Esto puede llegar a ser incómodo y hacerle sentir un poco de vergüenza, por lo que debe adentrarse al proceso reconociendo que no será fácil escuchar todo lo que él o ella tenga que decir.

Pregunte por ejemplos en específico sobre cosas que haya dicho o hecho y use la escucha asertiva para enfocarse en lo que le responde. Un mecanismo de defensa usual es dejar de prestar atención a los temas que le desagradan; es una reacción humana natural. Por lo tanto, cuando empiece estas conversaciones, asegúrese de mantenerse presente para que pueda entender por completo.

Sin importar si usted está de acuerdo o no con la retroalimentación que le haya hecho, agradézcale a su pareja por su honestidad. Usted querrá asegurarse de que él o ella sienta que comparten perspectiva y que usted recibirá cualquier comentario que le haga.

Al fin y al cabo, nunca terminará de entender cómo necesita ajustar sus comportamientos dentro de su relación a menos que pueda entender el efecto que usted tiene sobre la otra persona.

• • •

Tome nota en su diario de emociones sobre los comentarios que reciba y use estos apuntes para crear un plan sobre cómo puede usar las habilidades que ha aprendido en este libro para hacer los ajustes a los aspectos en específico de su relación para favorecer las opiniones y perspectivas que su persona especial tiene.

Vale la pena notar que usted puede trabajar en sí mismo o misma y hacer muchos cambios en cuanto a su propio CE para mejorar sus relaciones. Sin embargo, no puede tomar responsabilidad sobre lo que su pareja esté dispuesto o dispuesta a cambiar o no sobre sí mismo o misma. Incluso si usted se está esforzando mucho en su autocrecimiento, si la contraparte tiene un Coeficiente Emocional bajo y no muestra disposición de tomar responsabilidad para aumentarlo, entonces puede que la relación no vaya a funcionar.

La elevación de su CE no es un remedio milagroso para los problemas entre dos personas. Ayuda bastante, pero estas conexiones se forman entre dos, y sólo hay tantas cosas que usted puede aportar.

• • •

Una vez que tome esto en cuenta, recibir retroalimentación directa de la persona con la que intenta mejorar su relación valdrá totalmente la pena, el tiempo y el esfuerzo que necesitará invertir mientras trabaja para mejorar sus habilidades con el manejo de su relación.

Establezca una política de puertas abiertas

En el ambiente de trabajo, esta se refiere a que sus superiores den la bienvenida y estén disponibles para usted cuando necesite reportar algún problema o preocupación.

Esta técnica puede aplicarse a sus relaciones de manera similar.

Esto no significa que usted esté constantemente libre para las personas cuando sea que le necesiten, sino estar dispuesto o dispuesta a escuchar a los demás cuando sea posible, pero aún con el entendimiento y estableciendo la expectativa de que no puede ser todo para todas las personas todo el tiempo.

. . .

Una de las mayores condenas de las relaciones en la actualidad es que hay individuos que creen que su pareja está ahí para satisfacer sus necesidades emocionales y que él o ella estará disponible cuando sea, le apoyará en todo y entenderá cualquier cosa. Desafortunadamente, esto no es posible. Es por esto por lo que todos y todas deberían tener redes fuertes que consistan en amistades, familias y compañeros de trabajo fuera de sus relaciones románticas. De esta manera, usted tendrá un sistema de apoyo que no incluya a su pareja, y dichas personas podrán ayudarle a cubrir las necesidades emocionales que esta última no podría o no debería. Tener un CE alto le ayuda a entender que usted necesita múltiples estructuras a las cuales acudir y será capaz de manejar sus propios sentimientos sin esperar a que alguien más lo haga.

Usted querrá establecer una política que le demuestre a su pareja que está ahí para él o ella. Es importante que sea comprensivo o comprensiva, emocionalmente disponible y capaz de contribuir a su relación; de manera similar, es vital que ambos o ambas mantengan su independencia e individualidad.

Puede que le sea útil observar cómo otras personas utilizan esta política en sus propias relaciones y, luego, encontrar la mejor manera en que una le funcionará a usted. Comuníquese con su ser querido sobre cómo y cuándo podrá estar disponible para él o ella y cómo podría apoyarle. Entonces, él o ella sabrá qué esperar y será menos probable que ponga expectativas poco realistas sobre sus hombros.

Enójese cuando sea sensato

Como se mencionó con anterioridad, el enojo no es una mala emoción. Tiene su propósito en la sociedad y en las interacciones personales. Incluso cuando está profundamente enamorado o enamorada de alguien, lo más probable es que esta persona le haga enojar en algún punto de su relación. El propósito detrás del control en las relaciones no es evitar este sentimiento o suprimirlo, sino el descubrir cómo y cuándo usarlo, y de qué manera y dónde manejarlo.

Este paso tomará mucha práctica y esfuerzo, pues esta emoción es una de las más impulsivas que cualquier individuo podría experimentar. Empiece abriendo su diario otra vez y acudiendo a las habilidades que ha desarrollado a través de la autoconciencia para descubrir qué es lo que le hace enojar.

. . .

Especifique tanto como sea posible durante este proceso. Anote los detonantes, eventos, personas, palabras, frases y cualquier otro detalle que contribuya a este humor.

También debería escribir los detalles sobre qué tipo de pensamientos tiene en respuesta, así como las reacciones fisiológicas y de comportamiento.

Posteriormente, apóyese en sus habilidades de conciencia social para observar y redactar cómo su pareja reacciona cuando usted se enoja; tome en cuenta su lenguaje corporal, lo que dice, cómo lo dice y cualquier otra actitud que salga a la luz en respuesta. Sea tan particular como sea posible en esta reflexión.

No es fácil ser honesto u honesta sobre la forma en que sus acciones impactan a alguien que le importa. Sin embargo, el manejo de las emociones se trata de hablar con sinceridad, tanto consigo mismo o misma como con su pareja.

También, implica tomar las decisiones en cuanto a ustedes dos que les ayuden a formar una conexión emocional profunda.

• • •

Esta honestidad conlleva admitir que habrá ocasiones en las que usted se enojará. Ahora, en vez de dejar que dicha emoción domine sus impulsos y tome control de la situación, la verdadera prueba al incremento de su CE es aprender a usarla de tal manera que beneficie la situación de alguna forma. Usted querrá que su pareja sepa que si dice o hace algo que le moleste; eso no significa gritárselo a la cara o golpear paredes para que lo entienda. Puede expresarse y dar su punto a conocer sin necesidad de explotar. En suma, no ignore su enojo: haga que trabaje para usted en su lugar.

No evite eventos o personas

La evasión es un mecanismo de defensa que le protegerá de estar en una situación que usted considera incómoda.

Desafortunadamente, es poco benéfica para su CE. La única forma en la que se sentirá cómodo o cómoda en un lugar o con alguna persona es enfrentando dicha sensación y todo aquello que la causa.

• • •

Ese fue uno de los primeros pasos con los que trabajó su autoconsciencia: aceptar su desagrado. Para prevenir la ansiedad sobre una interacción que no le gustaría tener, antes que nada, debe identificar por su cuenta por qué esto en particular le ocasiona dicha emoción. Una vez que sepa la verdad detrás de todo, entonces podrá trazar los límites necesarios.

Estos últimos son importantes para el bienestar y el Coeficiente Emocional. Estos se refieren a líneas metafóricas y establecidas que usted no permite que los demás crucen.

Por ejemplo, si tiene un amigo o familiar que siempre bromea sobre cierto recuerdo que le hace sentir mal, usted traza que, si llega a mencionarlo en algún momento, le hará saber que no aprecia el chiste. Además, tal vez considere terminar la interacción y separarse de la situación por completo.

Si está imponiendo un límite para sí mismo o misma que involucre a otra persona, usted querrá decirle sobre esta barrera antes de que entablen una conversación para que entienda hasta dónde puede llegar; esto conllevará a que su reacción no le tome desprevenido o desprevenida: él o ella elegirá respetar sus deseos o poner a prueba su resolución.

Los límites son importantes porque le permiten adentrarse a situaciones que preferiría rehuir con un sentido de protección y una estrategia existente. Establecer los propios le dará una fuerte armadura que podrá ponerse siempre que le sea requerido. Al hacerlo, asegúrese de que sean benéficos tanto para usted como para la otra persona; no debería imponer expectativas demasiado altas que le aseguren, a cualquiera, el fracaso. También es importante respaldarlos y mantenerse firme en ellos, o nadie los respetará en un futuro.

Reconozca los sentimientos ajenos

Una lección difícil de aprender es que no puede controlar las emociones de otras personas. Como seres humanos, es común querer controlar todo a su alrededor; esto se origina del deseo de certeza, pues esta provee seguridad. Pero la realidad es que usted sólo puede controlarse a sí mismo o misma y sus propias acciones, emociones y pensamientos.

. . .

Dejar ir de este deseo de control hará una gran diferencia en su vida y relaciones. Una buena práctica que puede implementar es reconocer los sentimientos de los y las demás; al hacerlo, no significa que esté de acuerdo con ellos. Este método no cambiará lo que usted siente y piensa de tal manera que se alinee con lo de alguien más.

En su lugar, valida los ánimos del otro individuo y le provee un sentido de que a usted le importa porque le ha escuchado. Un reconocimiento sencillo sería decir algo como "No me imagino lo difícil que es" o "Me hace feliz verte tan feliz". Estas frases aceptan las emociones ajenas y lo vuelve a usted parte de ellos sin ser el o la responsable de causarlos.

También puede usar preguntas para comprobar lo que sucede. Algunos ejemplos son "Pareces irritado/irritada, ¿algo te está molestando?" o "¿Hay algo que pueda hacer para ayudar a atravesar esta situación?". Usted querrá demostrar su apoyo y empatía, incluso si no termina de estar de acuerdo o entender lo que la otra persona siente.

Un problema común en las relaciones es cuando una parte piensa que la otra no comprende o empatiza con él o ella simplemente porque no acepta lo que siente. Las personas no serían individuos si no tuvieran opiniones y emociones opuestas; el aceptar no significa acceder con sus sentimientos, sino que reconoce que los tiene y está dispuesto o dispuesta a ofrecer ayuda cuando lo necesite.

<u>Cuando valore a alguien, demuéstrelo</u>

Tanto en las relaciones románticas como en las familiares y platónicas, es importante recordarles a las personas que son valoradas. No es necesario hacerlo a través de un gesto grande y extravagante, con regalos, cumplidos y exuberante cariño.

No tenga pena de hacerle a los demás saber que valora tenerlos y tenerlas en su vida. Una simple expresión podría ser mandarle un mensaje a su persona especial, recordándole que le quiere. Tal vez mándele una carta a su madre en su cumpleaños, agradeciéndole por todo lo que ha hecho por usted. E incluso puede ser más sutil que eso. Por ejemplo, imagine que su esposa pasó todo el día limpiando la casa y luego hizo una gran cena. Dele un beso en la mejilla y dele las gracias por su arduo trabajo. En suma, agradézcale a su pareja o persona especial por cualquier esfuerzo que vea que hace. Estos pequeños recordatorios de que les valora harán que los lazos emocionales que comparten se vuelvan más fuertes.

. . .

Esto también se puede aplicar con sus amistades y familiares, e incluso sus compañeros y compañeras de trabajo. Después de una reunión laboral, tal vez podría acercarse a quien la haya impartido y decirle que pudo notar cuánto esfuerzo le puso a la presentación.

Sin embargo, valorar a las personas no se trata sólo de poner una sonrisa en sus rostros; aunque siempre es agradable ser la razón de la felicidad de alguien.

Demostrar cuánto aprecia a las personas que le importan es una buena forma de profundizar sus conexiones. Si tiene amistades a las que no ve con frecuencia debido a la distancia u horarios ocupados, mandarles un recuerdo de que le estima cada cierto tiempo es una gran estrategia para mantener la relación viva incluso a través de la ausencia de interacción social.

Usted quiere que los individuos en su vida sepan que les valora y que significan mucho para usted. De lo contrario, será muy fácil que la comunicación disminuya y, mientras la vida se va volviendo más agobiante, sus relaciones se desvanecerán. Parte de tener un CE alto es estimar a los demás por sus fortalezas y el impacto que han hecho en su vida.

. . .

Por lo tanto, demuéstreles que lo hace.

Dé retroalimentación respetuosa y constructiva

En secciones anteriores, se le hizo saber que usted debería pedirle comentarios sobre su desempeño a otras personas. Pero hay otro extremo a este tema, y ese es el que usted los provea; ya sea a un compañero o compañera de trabajo, una amistad, un miembro de la familia o una persona especial. Sin embargo, similar a como la recibe, los suyos deberán ser amables y favorables.

Querrá expresarse con claridad y de manera directa, pero también con tacto. Esto ayudará a que la otra persona entienda desde dónde está hablando y no se sienta atacada; use sus habilidades de autoconciencia, automanejo y consciencia social para determinar sobre qué quiere hablar, cómo y por qué le impactó y cuál es la mejor manera de mencionarlo sin lastimar los sentimientos ajenos. Tal vez necesite escribir todo esto en su diario de emociones y ajustar sus métodos y descubrimientos como lo vea necesario.

. . .

La retroalimentación debería ser dada cara a cara. Esto permitirá que la otra persona vea su lenguaje corporal y su comportamiento, así como usted podrá ver el contrario con claridad.

La mejor manera de dar estos comentarios constructivos es la fórmula ABC. Esto consiste en construirlos diciendo algo similar a "Cuando hiciste A, me sentí B, y preferiría si hicieras C en su lugar". Esta es una forma tranquila y no acusatoria de enunciar su retroalimentación, pues no le echa la culpa a ninguna persona en específico y ofrece una solución, por lo que no es sólo una queja.

Hay situaciones en donde tener estas pláticas será incómodo, sin importar el respeto con el que las aborde. No a todo el mundo le gusta escuchar que hirieron los sentimientos de alguien más o que le hicieron enojar. Usualmente, esto resulta en negación, ponerse a la defensiva o evitar el tema en sí.

Una vez que entienda el potencial de este escenario, querrá considerar con mucho cuidado la mejor forma de aproximarse a estas situaciones de una manera tal que minimice dicha posibilidad, pero aun así dé su punto a entender.

7

Forme un plan funcional

Ahora que sabe lo que necesita hacer para aumentar su CE, es tiempo de hacer un plan para sí mismo o misma para que pueda usar lo que aprendió de tal forma que le beneficie y le ayude a cumplir sus metas. Por favor, recuerde que el cambio puede ser difícil de atravesar, en especial cuando está aprendiendo nuevas destrezas y entrenando a su cuerpo y mente a responder de otra manera. Mucho se resume en la repetición: practicar las mismas técnicas una y otra vez, mejorando sus habilidades todos los días.

La creencia común es que toma veintiún días para que un hábito se mantenga. Con esto en mente, cada una de las técnicas tomará varias semanas en arraigarse a su cerebro y físico, y eso sólo si lo practica diariamente; por suerte, puede trabajar en varias a la vez. Siempre se presentarán diversas oportunidades para aplicar sus nuevas herramientas de inteligencia emocional, y muchas le permiten desenvolver más de una de ellas.

Por el contrario, otras dependen más de la situación y le tomarán mucho más tiempo de controlar antes de que tenga la posibilidad de llevarlas a cabo.

Si se abruma o piensa que es simplemente imposible, divida la tarea en un plan personal de varios pasos. En vez de enfocarse en el logro general y el panorama más amplio, intente establecer pequeñas metas que pueda alcanzar; la mejor manera de lograr esto es anotando el propósito mayor, por ejemplo, "aumentar sus posibilidades de alcanzar el éxito".

Entonces, querrá escribir tres etapas que completar para alcanzarlo, tal como "mejorar su CE", "conseguir un mejor trabajo", "adentrarse a una relación romántica de largo plazo". Una vez que las tenga en papel, divida cada una en tres pasos.

Así, terminará con nueve pequeños logros que alcanzar para satisfacer los tres más grandes, lo que le llevará a cumplir el mayor. Puede que parezca que tiene más cosas que hacer, pero si se enfoca en uno o dos de los pasos más mínimos al mismo tiempo, podrá concluirlos mucho más rápido. Toma menos tiempo, energía y enfoque el lograr uno de estos nueve que intentar dominar todo a la vez. Por lo tanto, divida sus metas en pasos más fáciles, de tal manera que construya un plan de autoayuda que esté diseñado basado en exactamente lo que usted quiere lograr.

Un buen lugar para empezar en cuanto a establecer pequeñas metas es escoger uno de los componentes de la inteligencia emocional; estos son autoconsciencia, automanejo, consciencia social y manejo de relaciones. Si no sabe dónde comenzar, un buen punto de entrada es el primero, pues los demás se construyen alrededor de él.

Sin embargo, si ya tiene controlada esta parte, o ya ha logrado grandes avances en el ser consciente de sus propios pensamientos, emociones y reacciones, entonces querrá empezar por otro lado. Cualquiera que elija, tome en cuenta que todos los componentes están conectados entre sí, y empezar desde el último antes de mejorar en su conciencia social no sería tan efectivo sin este conocimiento previo.

. . .

Una vez que haya elegido su punto de inicio, elija tres de las habilidades y métodos enlistados en su respectivo capítulo para empezar a trabajar. Escriba un plan sobre cómo mejorar estas técnicas, así como qué debe hacer para incorporarlas a su vida diaria. Si se basan en eventos, idee una lista de situaciones que sucederán en las siguientes tres semanas, ideando cómo usará lo que acaba de aprender.

Cuando se detiene a pensarlo, estos métodos son como músculos: debe seguir ejercitándolos para que se mantengan fuertes.

Es una buena idea seleccionar tres que no tengan muchas cosas en común y no puedan ser usados en las mismas situaciones. De esta manera, logrará practicar y cubrir diversas áreas mientras tanto. Cuando sienta que tiene un buen entendimiento de dichas habilidades, si piensa que su concepto de inteligencia emocional sigue necesitando mejorar, entonces tome otras tres y empiece a trabajar en ellas.

Puede seguir así hasta controlarlas todas, o puede sólo quedarse con las que le sean de más beneficio a su éxito.

. . .

Ahora, si sigue adelante con un nuevo componente y se da cuenta de que no llegó a un punto tan favorable como pensaba, entonces regrese y practique otros tres métodos de su concepto de estudio previo. No vea esto como un fracaso, porque no lo es. Piénselo como una parada técnica; ha hecho bastante progreso, pero todavía necesita refrescarse cada cierto tiempo antes de seguir adelante.

Recuerde, su mente y cuerpo están siendo literalmente reprogramados y reconectados para reaccionar y comportarse de otras maneras. Cada cierto tiempo, le será inercia regresar a viejos hábitos; esto sólo es un percance en el sistema que puede solucionarse recordándose lo nuevo que ha aprendido. Si considera que ya tiene un grado de autoconsciencia alto, y se va directo al automanejo, pero entonces se da cuenta que no avanzó tanto como creía en este primer punto, no se desanime.

Todo este proceso es un gran ejercicio de autodescubrimiento y automejora. Hay muchas cosas que aprenderá de sí mismo o misma, y ese es su propósito principal. Por lo tanto, si descubre algo de usted que no esperaba, úselo a su beneficio. Tómelo como una señal de que su trabajo está funcionando.

Su plan para mejorar su CE estará basado en su propio estilo de vida y lo que busca obtener de este proceso. No todas las personas tendrán las mismas metas o áreas de mejora. Es por eso por lo que los tres capítulos anteriores tenían tantas herramientas para su uso. Base su plan sobre lo que usted necesita trabajar primero. En el proceso, podrá encontrar más áreas que se beneficiarían de un poco de mejora. Por el contrario, podría descubrir que es mejor en otros aspectos de lo que esperaba. Asegúrese de celebrar sus pequeñas victorias y los logros que alcance. Esto le ayudará a sentir la motivación de continuar.

El proceso de aumentar su CE y cambiar sus patrones de pensamiento, comportamiento y emociones que ha aprendido durante toda su vida tomará tiempo y compromiso. No espere ver avances de inmediato. ¿Recuerda la habilidad de practicar la gratificación aplazada? Hacer cambios cognitivos y de actitud son un gran ejemplo de esta técnica. Los resultados sucederán si da lo mejor de sí.

Ojalá el deseo de tener más éxito, mejorar sus relaciones y vivir la vida que usted quiere será motivación suficiente para emocionarse y empeñarse a mantenerse apegado o apegada a estos planes. Si no, encuentre algo más que le anime. Para que esto funcione, debe ser algo que realmente desea. Todos y todas tienen la habilidad de cambiar sus circunstancias, sólo deben aspirarlo.

Conclusión

Ahora que ya ha conocido los detalles necesarios para empezar a mejorar e incrementar su Coeficiente Emocional, podrá continuar con su viaje hasta alcanzar todas las metas que se proponga. Recuerde, una IE bien formada y aplicada es un camino asegurado hacia el éxito en todo ámbito de su vida, empezando por el personal. No sólo aprenderá más sobre sí mismo o misma, lo que le apasiona y lo que no soporta, aquello a lo que aspira y todo lo que quiere dejar atrás; también, sabrá cómo desenvolverse mejor en sus relaciones de cualquier tipo, cómo ayudar a las personas que ama y a mejorar su desempeño profesional.

Cosas como la autoconsciencia, el automanejo, la consciencia social y el manejo de las relaciones son vitales para que usted pueda aprovechar su potencial al máximo, como pudo ver en los ejemplos de los primeros capítulos.

No crea que porque ya haya llegado a una edad específica significa que todas sus oportunidades estén perdidas: usted tiene el poder de cambiar sus circunstancias, y empezar por su Inteligencia Emocional es el mejor primer paso que podría dar. Al terminar este libro y si continúa aplicando lo que se le enseñó, habrá avanzado un gran tramo que ahora usted debe supervisar. Recuerde: está bien fallar y tener que volver a intentarlo de otra manera o con otro enfoque; no es un fracaso el descubrir que su comodidad está en otro lado.

Al contrario, es una maravillosa oportunidad de autoconocimiento.

No olvide tener paciencia más que nada. Considere que está entrenando su cerebro, el músculo más importante de su cuerpo, y, como tal, le será un poco difícil adaptarse a los nuevos patrones de pensamiento. Pero, con constancia y resiliencia, usted podrá lograr lo que se proponga y aprender incluso de las emociones más incómodas, de tal manera que convivir con ellas ya no le será una tortura, sino un ameno aprendizaje.

Al fin y al cabo, como persona viviendo en el siglo XXI, un buen autocontrol que evite que le haga daño a sí

Conclusión

mismo o misma y los demás debido a sus emociones es una de las mejores características que podría tener en este ambiente social donde la presión se ejerce de todos lados y a todo momento. Habilidades como la adaptación al cambio, la sana comunicación con otras personas y la seguridad para manejar situaciones estresantes le serán de mucho beneficio en el ámbito académico y laboral, a su vez asegurándole una vida personal más tranquila.

Si en algún punto llega a olvidar cuál es el siguiente paso en su viaje, regrese al respectivo capítulo de este libro para guiarse. En los primeros tres, se le otorgaron algunos ejemplos que podría utilizar para comparar su situación y el crecimiento que ha logrado. En los últimos tres, están los métodos y técnicas apropiados para cada ámbito de su Inteligencia Emocional que quiera mejorar. Recuerde seguir el orden que le facilitará su crecimiento: la autoconsciencia es la base de todo lo demás, y debe empezar siempre con ella.

Así, continúe trazando y siguiendo el camino que más le beneficie dependiendo sus circunstancias. Establezca sus propias metas y alcáncelas permitiéndose el tiempo que necesite, no el que alguien más le imponga. Si bien es cierto que un CE alto puede ser el medio por el cual ayudar a otras personas, a la primera que debería serle favorable es a sí mismo o misma, pues la verdadera Inteli-

Conclusión

gencia Emocional radica en el conocerse, no olvidarse y priorizarse de manera apropiada.

Bibliografía

Bello, Elena. (2021). *La inteligencia emocional de Daniel Goleman: qué es y cómo desarrollarla*. En IEBS. Consultado en https://www.iebschool.com/blog/liderazgo-inteligencia-emocional-coach-management

García-Bullé, Sofía. (8 de julio del 2021). *¿Qué es la inteligencia emocional y por qué debemos enseñarla?* En Institute for the Future of Education. Consultado en: https://observatorio.tec.mx/edu-news/inteligencia-emocional/

Cano Murcia, Sandra Rocío; Zea Jiménez, Marcela. "Manejar las emociones, factor importante en el mejoramiento de la calidad de vida". *Revista Logos, Ciencia & Tecnología, vol. 4, núm. 1*, julio-diciembre, 2012, pp. 58-67. Disponible en: https://www.redalyc.org/articulo.oa?id=517751763003

www.ingramcontent.com/pod-product-compliance
Lightning Source LLC
Chambersburg PA
CBHW072159070526
44585CB00015B/1219